# 信任關鍵

## 把保險變得更保險

黃秀儷 / 著

# 目 錄

## 推薦序

# 黃秀儷經理所著《信任關鍵 - 把保險變得更保險》書序

　　世界級的頂尖業務員之所以能贏得客戶的滿意，都源自於他的自信及專業，正因如此，客戶願意長期與他們往來，他們的特質正是「有絕對的自信實踐承諾。」

　　我所認識的黃秀儷，是位自我要求相當高的人，從會計師事務所轉戰保險業，始終保持在行業的領先位置，秉持「有志者事竟成」的態度，堅持提供客戶最需要的服務項目。

　　出色的行銷，除了商品本身，業務員應以為客戶創造無可取代的價值為目標。秀儷常分享：行銷的關鍵，來自於客戶的信任；客戶是否信任，在於能否感受到客戶在乎的關鍵。她以「能為客戶帶來利益」的思維，做為一切經營的核心競爭力，發掘客戶的風險點，找出他們自己無法解決的問題，

提供解決對策,透過工具協助他們處理風險。此外,要在長期競爭中持續勝出,她更時時自我精進學習,奠定不敗的致勝根基。

在《信任關鍵 - 把保險變得更保險》書中,秀儷將她的業務心法公開,書中分別以稅務管理、資產保全、傳承規劃、退休規劃、金錢型保險金信託、遺囑訂立、不動產信託、保單校正等主題,透過案例分析、專業的論述,提供轉翻導正資產規劃的新思維,不論對於想要在保險業一展長才或是藉由保險做好資產保全的人來說,絕對能從中吸取專業的養分,讓未來人生更臻圓滿。

永達保險經紀人股份有限公司

董事長

# 《信任關鍵—把保險變的更保險》序

　　保險業務這條路，泥濘艱辛但是卻有寬闊長遠，是一條傳播愛與責任的美好之路。優秀成功的保險業務人員往往都具有一個美好的品質，那就是比他的客戶更加珍愛客戶的【家人和資產】，他們誠信、專業，也正因如此，他們獲得了客戶的信任與托付。

　　我所認識的黃秀儷，正是一位誠信、專業的高素質保險業務人員，她對【對】的事情，一向保持著認真、嚴謹的態度；對待客戶，始終有一顆坦誠的心。她熱於學習，敢於實踐，加之對市場及未來敏感準確的洞悉度，讓她從財會業轉至保險業後迅速的成功，成為眾多保險業務人員的標桿與榜樣。

　　黃秀儷老師將自己十幾年的卓越的保險銷售經驗沉澱總

結，鍛造了《信任關鍵－把保險變的更保險》一書。她將資產規劃八大區塊中的精華部分融入此書之中，並透過精準的案例分析，獨闢蹊徑，從客戶信任角度闡述了專業的重要性，並將保險機制展現的淋漓盡致。為保險從業人員學習資產規劃瞭解保險機制提供了一套詳盡的範本。

2018 年初，本著為還未成熟的大陸保險業增磚添瓦的心態，黃秀儷老師攜自己著作入駐山東濟南永達理，傳播資產規劃專業知識，弘揚保險企業家精神。

在此，也獻上美好祝願，祝秀儷老師美夢成真，宏圖大展。

永達理余葡玥總監

　　恭喜！秀儷出書了，感到非常高興，有志者、事竟成，經過一番寒徹骨，終得梅花撲鼻香，她秉持著方向對了，就不要怕路遠的信念，勇於接受挑戰，從傳統保險公司，轉戰到永達，從新開始，每課必到，認真學習，努力不懈，加強自己的專業，提升自己的實力，取得客戶的信任，轉型成為客戶的理財規劃師，稅務管理，傳承規劃，資產保全，退休規劃，讓客戶富足退休，富貴傳承，富裕一生。難能可貴的是秀儷本身落實執行所學專業外，而且樂於分享，並將實戰成功經驗 Know How，整合運用成可複製，可傳承，協助更多人在壽險業快速聚焦，精準行銷，脫穎而出，協助更多客戶做好財富管理，希望大家用心把握書中精隨，運用在工作中，讓大家成為壽險業的企業家。

　　玫瑰終究會開花，黃金一定會閃光

　　祝福秀儷在濟南，組織發展順利，鴻圖大展

永達保險經紀人（股）公司

魏滿妹 協理

推薦序

# 成就－來自於客戶的信任

持續保持在行業變化領先的位置，是我的座右銘，這代表我可以提供的服務項目及內容會是客戶最需要的。

我在學校讀的是國際貿易，畢業後到會計事務所記帳六年，再轉換到企業擔任財務會計六年，在此 12 年帳務工作養成下，練就我對於徵稅與納稅雙方的密切及微妙關係的洞見，並扎實奠定我日後協助客戶在稅務方面的理解並協助他面對的能耐。

37 歲我轉戰保險業，聽說在保險業很難生存，這句話我從沒放在心上過，因為我相信有志者事竟成，凡事沒有置之死地而後生，怎麼知道自己不行呢！

就因為我比別人晚入行，所以我告訴自己沒有失敗的條件，起初在南山人壽的 4 年半裡，主要的業務是醫療險、儲

蓄險、及產險，每天從早忙到晚，不斷拜訪客戶，只要準客
戶願意跟我見面，我就會感到無比的開心，當時我就覺得真
的很好，可以自己決定上班時間跟下班的時間，那種感覺真
的好棒，就是很單純的想要，在這樣的歷程下，也為我的業
務觀念與能力扎下穩固的基礎。

　　2008 年的美國次貸風暴金融海嘯開始，保險業務確實
更難做了，我沒有特殊的專業，只能依靠服務量來增加收
入，當時我 42 歲我問自己體力還能支持多久？如果維持原
狀估計再過幾年我將會被市場淘汰，於是一個機會我轉型到
永達保經，我期勉自己一定要學習稅務的專業，做市場差異
化服務，於是經過同事的介紹我選擇了財稅法稅領域的深度
學習，在初學的第一年我完全聽不懂也不理解老師所有的教
學內容，然而！因為我是將目標看在未來，並且堅信這將會
是帶領我成功的唯一方向，並且更加明白能力是必須透過時

間的淬鍊才能成就的，所以在學習的過程中至今我從來不曾遲疑過不曾停止過，而在此近八年的時間裡，每每學到新的資訊我就會馬上跟準客戶分享，這樣的模式早於初學時期就習慣至今。

　　我也在 103 年起陸續協助醫師院長，企業主，企業經理人，完成以下重要的事項，稅務管理，資產保全，傳承，退休，遺囑訂立 ( 含公證程序 )，保險金信託及不動產信託，保單校正。

　　從此我的服務項目就擴增為整體資產規劃，在這條財稅法稅的路上我深深的感受到客戶的支持喜愛與尊敬，同時我在此期間也蟬聯三屆 MDRT 的至高榮譽，讓我更加的堅定堅持這是保險業的的康莊大道，先幫助客戶後，才能幫到自己，只有先付出後收穫.

　　資產規劃的學習與客戶服務是必須要同時進行的，我是

成功的見證者，對專業的高度熱情來自於客戶滿意的回饋，因為可以幫助更多的人，而成就自我生命的價值。

　　如果您對整體資產規劃也抱持學習的決心與熱誠，那麼想得到就要，現在開始投入學習，有志者事竟成，你的客戶也將因為你的努力而感覺到無比的驕傲與光榮～

# 前言

　　自 2014 年 6 月起在資產規劃八大區塊，秀儷開始在永達公司各業務單位進行市場版互動的專題分享，由邀請單位挑選一個主題讓筆者來跟同仁分享，至目前為止已經進行 80 場專題分享，在此過程當中，秀儷深深的感受到可敬的業務人員，非常認真學習，源自於想要的心，想給客戶最好的心，如此的清楚與努力。

　　台灣人是比較含蓄客氣不爭的，拿到也好拿不到就算了，沒有一定要搶到的決心，這是身為講師的我內心的遺憾，一個專業的主題是必須透過深度學習的習慣，才能練就頂尖的精神與狀態，有資產的客戶，來自於經營企業的艱難與不易，俗話說富貴險中求，不合理的磨難隨時發生的變數，成就客戶的能力與能量，所以說客戶都是頂尖高手來

的，市場上又說不是高手不過招，若您不是高手如何能取得過招的資格呢！

專業的養成要有明確的學習方向，並且找到一位您願意跟隨的人，落地執行，在專業與市場的兩端取得平衡及最大產出效益。

筆者在這80場分享會中，感受到的是業務員對於客戶端的問題思考深度不夠，發言的時間多數在講自己心中想講的話，過多商業的語言，這是客戶最沒耐性聽的，而您不自覺如滔滔江水一般一開講就停不了，沒有查覺到客戶的臉部表情不協調的細微變化，其實是在直接挑戰客戶的底線，終於他對你說，我要去開會了，留下一臉錯愕的你跟凝結的空氣。

業務員都不喜歡跟客戶聊專業以外的話題，但是有人曾跟筆者分析說，如果你的聊天功力很高，專業分享及報告功

力沒那麼好時，客戶就會選擇跟你聊天，反之若你的專業可以講的很熱血很頂尖狀態滿分，那客戶就要聽你講專業的內容，這說明了客戶都要選擇最好的。

我想跟客戶分享專業的資訊及觀念，這部份筆者以過來人的經驗，跟大家分享我的方法及做法，首先要先了解到客戶對於我們的專業他是不懂不理解的，他只了解他自己的本業，而業務員每天上課學習，對於專業的理論自然是很清楚明白，我們想要客戶買保險，而且他口袋裡有錢也不排斥，但是客戶需要的是一個要他規劃保單充分理由，他才會做新保單，對業務員來說你若直接就要客戶買保單，這樣的溝通無疑是不尊重客戶的理解程度，而是你必須要跟他一次一次又一次的溝通直到他了解明白為止他自然會願意把錢轉過來保單。

或許你會說，我每次講到保險客戶就不想聽了，其實不

是他不想聽而是你在說保險時候的語言表情內容都不夠自然不夠吸引他，自然他會覺得聽你講很痛苦 . 筆者在四年前也是客戶不喜歡聽我說保險，而我初開始是找人練習講而不以成交為目的，這段經歷約有 3 年的持間，以對方有興趣的再跟他討論，我的練習對象大約只有三位企業主，中間或有爭執都沒關係 . 那麼我的程度就會慢慢的進階一點又一點的，當時也是有些客戶是會願意聽我說專業的，我每次見面都是分享專業上新的資訊等等，當客戶聽得進去你所講的專業時他的思維觀念就會漸漸的被你影響而改變，因此當客戶能充分了解原來保單真的是最好的工具時，他便會再次加碼再次加碼又再次加碼，原因只有一個因為他已經真正懂保險的優勢，而為自己的資產做最好的選擇。

　　我的努力方法如上所述，其實真的不難，我是以勤能補拙的心態來做的，我能您也一定能，關鍵只在於決心，有人

說當你下定決心時老天爺都為你開路，眾人也為你讓路，因為能量太強了，決心堅持個 3~5 年的光景就有你要的能力了，試問你的成功家人還要等多久？而您幾時要開始？

筆者的專題分享能聽到的人數總是有限的，再說聽一次聽二次聽三次，真的能理解懂多少，能在市場上用得到，還是個問號！筆者的一位夥伴曾跟我說過他同一個主題總共聽了六場，奇特的是每次的體會感動收穫都不一樣，有鑑於學習的不容易，在 2016 年底我想以出書的方式，對於想學資產規劃的廣大業務員，會是更有效的幫助於是我便開始進行。

當您看到這本書時我已經跟隨永達理的腳步在大陸發展了，寫這本書也可以幫助大陸的業務夥伴及廣大的 13 億人口做好資產規劃的重要安排。

# 第一章
# 稅務管理

---

不應納的稅不納，必要繳的稅要繳，避免
冤枉納稅，冤枉受罰。

# 前　言

　　財稅法稅對許多人來說是非常陌生的名詞，學校教科書沒教，出社會後也沒學到，甚至當了老闆也還沒去學，不是學不會，而是不知道去哪裡學？怎麼學才能理解才會懂？為什麼專業人士總是說的這麼清楚，而我卻聽得如此模糊？

　　更重要的是「稅」始終跟您的資產綁在一起，只是您沒有注意到，通常是在收到國稅局的咖啡邀請函或是稅單時，才會更清楚明白。

# 導讀

　　關於營業上的金錢進出其實就是帳的概念，而帳的呈現即是為了企業在永續經營過程中的完整記載，所以正確的稅務管理制度必須要及早建立，而主管機關國稅局為審核單位，以長遠永續安全來說，依據稅捐稽徵法以及會計準則來進行帳務管理，絕對是企業主必須要即時了解的正確思維。

# 假設案例分析

## 假設案例一

### 企業家贈女近 2 億元，卻欠稅 1.5 億元

某企業主於 2008 年期間多次匯款給女兒，合計金額 2 億元，但並未至所在地國稅局完成贈與申報及繳納贈與稅，後經國稅局查得，並核定本稅加罰為 1.5 億元，本事件於 2013 年由最高行政法院判決企業主敗訴確定。

**建議：**

一、應依遺產贈與稅法第 22 條規定，每人每年可有 220 萬元免納贈與稅額度。

二、應依遺產贈與稅法第 19 條規定贈與金額在 2500 萬元以下者，課徵 10%。

二、依遺產贈與稅法第 19 條規定贈與金額超過 2500 萬元至 5000 萬元者，課徵 15%。

三、超過五千萬元以上部分者，課徵 20%。

　　**工具**：若考慮的是將財產移轉給子女，最安全的方式就是提早做並且善用每年的贈與免稅額度來使用，超額的部分要繳稅才能避免冤枉受罰，另移轉資產給孩子除了可用現金之外，保單規劃仍是相當理想的的工具，透過人的一生時間來看保單他具備保本又可賺時間才的特性，讓理財沒煩惱才是更聰明的選擇。

　　**方向**：依上假設案例來說，同一年度多次匯款給女兒，贈與稅的計算是以年度論，除了必須要申報贈與稅及繳交贈與稅金，以稅務上來說不管是不清楚稅法或是忘記申報，都將會以結果論處理，因此不但要繳本稅還要加罰一倍，代價可謂非常之大。

　　**效益**：富貴險中求，拿生命拚搏的財富，唯有了解納稅人在稅法上的權利義務，才能避免冤枉受罰。

假設案例二

企業帳戶與股東帳戶不分，短報漏稅，遭國稅局查獲連補帶罰

國王公司請南部客戶將貨款 5000 萬元，匯入股東帳戶，再以股東名義代墊公司款項。此筆銷貨收入並未列營業收入，因此導致漏報營業收入及所得額，稅局最終核定國王公司連補帶罰 600 萬元。

**建議**：家族企業在股權及經營權皆為家族成員的前提下，股東習慣性的在公司資金用上會因為太方便使用而疏忽了，法人與自然人之間的稅務規定是完全不同的，導致公司帳戶與股東帳戶混用的情況，而造成如上假設案例連補稅帶罰款的情況發生。

因此企業主您必須特別注意，凡屬於公司的營業收入及費用項目等等，因公司營運所產生之一切收入與支出都必須

以公司帳戶來使用，切莫因方便習慣使用股東個人帳戶處理公司資金，演變成遺漏申報或未申報的事件發生，而必須付出巨額的代價。

**工具**：善用憑證，譬如銷貨發票，進貨發票或單據，誠實申報是避免冤枉受罰的唯一方法。

**方向**：正確的稅務管理是不應納的稅不納，必要繳的稅要繳，避免冤枉納稅冤枉受罰。

**效益**：憲法第 19 條人民有依法納稅的義務，誠實申報收入與費用，及提示課稅資料備查之協力義務，創業的艱辛篳路藍縷，守成不易，唯有了解稅制及自身的權利與義務，才能守住用生命打下的財富江山。

假設案例三

**房間打掃次數和飲料使用，查出飯店逃稅，屏東知名飯店，連補帶罰 900 多萬元**

財政部賦稅署稽核組鎖定全台飯店展開大查稅，官員靠著清點業者房間打掃次數和飲料使用，查出屏東知名飯店漏報二千多萬元營業額，業者見證據明確，乖乖補稅，連補帶罰共九百多萬元。

屏東這間知名飯店逃漏稅手法相當慎密，因為業者大多收到現金，但不把錢存在公司帳戶，轉存股東個人帳戶，規避稅務機關查核，不過，官員追查後，發現這名股東的帳戶有時被用來支付公司款項，知道賴不掉這筆帳，坦承漏報二千多萬元營業額。

**建議**：由以上假設案例可知，多數企業主對於稅制稅法，仍不甚了解，而是按照自己的方便及過往的習慣來使用公司

的資金，以至於誤觸稅網，盼能引起更多的注意及借鏡，亦即不應納的稅不納，必要繳的稅要繳，以免冤枉納稅，冤枉受罰。

**工具**：帳務如實正常，是稅務安全唯一的路徑，善用銷貨發票，進貨發票，來做為公司營運的唯一方向。

**方向**：企業主過往的營運模式及習慣有可能是 2~30 年，改變並非不可能，在於有沒有必要性，若為避免冤枉受罰鉅額稅款來說，讓一輩子辛苦打拼的財富江山，走向合於法令的稅制絕對是不二選擇。

**效益**：憲法第十九條人民有以下三項義務必須遵循，依法納稅的義務，誠實申報收入與費用的義務，及提示課稅資料備查之協力義務。企業主應先了解主管機關國稅局的稅法規定，確定自身的權利與義務，來配合企業的營運，讓政府與企業及社會達到三贏最大效益。

# 根深蒂固的舊觀念

**一、「稅務知識」有多重要？公司有會計人員、還有幫我做帳的會計師，他們都會幫我。**

有錢就有稅的問題，經營企業做生意，時時刻刻面對的都是稅的問題，老闆常說的一句話我有會計人員、也有會計師在幫我作帳，放心啦，其實老闆說的沒有錯，專業人士自然會將您的帳務做得好好的。

**二、大不了繳一點稅吧！**

老闆說該繳的稅我都會繳，繳稅是應該的啦，總覺得繳稅這件事很簡單，繳一些有繳就可以交代了，實際上合理性是很重要的，誠實申報繳稅是財稅安全唯一的道路，憲法第十九條說人民有誠實申報收入與費用的義務，及提示課稅資料備查的義務，稅不在於繳多繳少，而是在於誠實申報。

### 三、我都有誠實繳稅啊！

在老闆的觀念裏公司的生存才是唯一最重要的事情，當然要成立一間公司營業，是要歷盡千辛萬苦的，而創業初期篳路藍縷之苦難自不在話下，比較繳稅的事情，他會認為這是行政作業，會計師都會幫忙處理不用操心。

### 四、稅，真的很無聊，我沒興趣！

稅是費用是支出項目，一般老闆是不會想去思考和花時間涉掠的資訊，繳稅當然是不喜歡，賺的錢還要扣給政府，賺錢已經夠難了夠苦了，還要被拿走，打心裡面是千百個不願意去想去感受的，不如想想怎麼賺錢實在吧！？

### 五、我沒時間啊，還要懂稅，饒了我吧！

企業的經營每個老闆都想成功賺大錢，而市場的謙變萬化，每位老闆無時不刻神經總是上緊發條處於極度緊繃的備戰狀態，稅的事情知道因為很重要所以要委以專業，但公

司的存亡只能靠自己的拚搏，所以對老闆來說要他去學稅懂稅是不可能的選項。

### 六、會計人員、會計師都是我的一把手，怕甚麼？

專業專精的會計人員我都用五年以上經驗的，會計師記帳是由國家來檢定他的資格，這些人士都是我的上等記帳和稅務的幫手，我非常倚賴他們。

### 七，會計小姐、會計師他們所講的稅務語言，我根本聽不懂，好難喔！

人家說隔行如隔山，做帳繳稅他們會幫我做好就好了，怎麼還要我去學，不會吧！？我又不是做帳的人，做生意我會做帳不要開玩笑了啦，每次聽我們公司的會計小姐說的帳甚麼的我還是聽不懂，會計師偶爾也會跟我說什麼稅的，天啊！？該怎麼報就去報，我雖聽不懂不理解，但是該繳的錢我會給的啦。

### 八，我不能請專業人士幫忙嗎？

甚麼我都要學的話，一方面時間不夠，體力也不夠，也沒時間，但是我願意花錢請專業幫我，這難道有錯嗎！？

# 需要轉翻導正的新思維

### 一、公司的會計人員，他的責任是什麼？

其實公司很單純，所有的金錢交易多都要入帳，進而做出期間報表給經營者了解。

### 二、幫您作帳的會計師，他的責任是什麼？

公司經營走公司法的規範，公司行號經營的主管機關是財政部國稅局，政府照顧全民提供好的營業環境及條件，企業的經營要以實質營運的狀態來繳納相關稅捐，所依據的是帳以及憑證，這是國家與人民百姓的相對責任義務與權利，而透過會計師來做帳務稅務代理及申報人。

### 三、公司該繳的稅是多少，您清楚嗎？

所有在老闆身邊服務的專業人士，都只是在幫您做事，重點是那是老闆您的事，他們只是協助者的立場，若以稅這

件事來說，老闆您該繳的稅是多少，您清楚嗎？某一個程度上意味著營運上的帳務您清楚嗎？正確性有多少？錯誤有多少？若稅局抽中您要查帳查稅，您公司的帳務能攤開來檢視嗎？如果不能是為什麼？坊間的企業每每被查就是認罪協商，這也是您最終的選擇嗎？

### 四、您的誠實納稅，誰說了算？

身邊的專業人士會計人員會計師，都幫我做帳不用老闆我擔心，可是說真的拿薪水辦事的人，收您微薄記帳費的會計師，老闆您對他們的期待會不會太高了，拿多少錢做多少事，這該是非常合理的邏輯，說穿了老闆您該用心在帳務稅務這部分有所了解了，不然誠實納稅這件事可能會與您的認知差距很遙遠喔。

### 五，冤枉納稅、冤枉受罰，不甘心又能怎樣？

企業主一直以來對於帳務稅務的漠視，應該說是已經

交給專業人士處理了，但問題往往會出現在公司帳戶與老闆帳戶不分的情況下，所造成的誤踩稅務地雷區，這種情況並不在專業人士的業務範圍，所以企業主因為沒人告知及提醒導致，被國稅局因查得而連補帶罰者，亦是時有所聞，要避免的方法就是企業主應改要主動學習了解稅務資訊，或上稅務課程會有很大幫助。

**六、謹守辛苦打拚的財富江山，繳稅是您唯一的選擇。**

創業維艱，守成不易。市場的險峻與艱難，企業主的富貴都是險中求，然而企業經營上的帳務與繳稅確是您不能輕忽的重要項目，政府在國家的環境及國際間的貿易條件，他們無時不刻竭盡所能的在爭取之中，相對的企業繳納應繳的稅捐，也為維護租稅公平正義，誠實納稅絕對是您保守財富的重要選項。

### 七、合法節稅是權利，前提是您要懂更多。

所得稅法的所得基本稅額條例第 12 條第一項第 2 款為受益人與要保人非屬同一人之人壽保險，受益人受領之保險給付計入個人所得基本稅額。但死亡保險給付每一申報戶全年合計數在新台幣 3330 萬元以下部分，免予計入。

贈與稅每年每人的免稅額度是 220 萬，遺產稅的申報上有扣除額及免稅額。

進項發票的統一編號如果打錯 5% 稅金您要自己多付不能扣抵，漏開銷貨發票進貨未拿進項發票，發票開錯購買發票只為增加進項費用，舉凡在程度及金額上都有嚴重的罰則您是否了解？

以上所言合法的節稅項目，及稅捐罰則，您理解了嗎？您善用了嗎？如果沒有，您的錢拿來孝敬國庫還是不會浪費的啦。

**八、都說稅務這麼重要，那要去哪裡上課？**

　　基本上開辦有稅務課程的地方都可以去上課，每年三月份國稅局有專門開辦綜所稅的課程，或是各類所得扣（免）繳法令、申報實務及所得稅稅改方案講習會，都可參加，目的為使納稅義務人明瞭扣繳法令規定、申報實務、網路申報等應注意事項及違章案例，提升扣繳申報正確率，減少違章情形，並推廣所得稅各式憑單無紙化作業，宣導房地合一課徵所得稅制度、納稅者權利保護法、稅制改革（所得稅法修正重點）等，以維護納稅義務人權益。

　　結論：帳務稅務是一體的，在學校也是一門科系，必須研讀四年的，因為是專業項目，自然有它的深度，不下功夫來學習了解，光是表面聽聽是不會懂的，但是！？如果您是企業主，不能說您沒興趣，不能說沒時間，因為一旦出事的時候，就統統都是您要扛了，輕則繳稅了事，重則刑罰都有可能。

① 税務管理

# 第二章
# 資產保全

建構烈火難熔的防火牆，避免租稅債權，
民事債權，天災人禍。

# 前言

　　對於大部分的人來說，資產保全這件事，不會是他們在乎的選項，但財富缺損的風險卻是分秒都在身邊的，我們說人生有三把火，那就是：

1・租稅債權：該繳給政府的稅金舉凡營業稅，所得稅，營所稅，遺產稅，贈與稅，等等…如果您有短報，漏報，未申報者，那國稅局就是您的債權人。

2・民事債權：雇主責任勞基法第 59 條職業災害賠償風險，客戶貨款收不回廠商貨款付不出，銀行信貸房貸還不出錢，離婚配偶差額分配請求權等等…，如果以上發生了，他們就是你的債權人。

3・天災人禍：檢視您辛苦打下的財富江山，防水防火防地震嗎？保險箱裡的錢防水嗎？您的房子防火防地震嗎？如果發生災情財產會損失多少？

# 導讀

　　資產保全是甚麼！？我也沒跟人家借錢，我也沒欠人家錢，這跟我沒關係吧！？如果以上是您的想法，那麼筆者真要為您捏一把冷汗了，人家說魔鬼藏在細節裡，往往被您忽略的地方，問題就會在那裏出現，這不是詛咒，而是居安思危的想法作法，到放心的過程，生命生活的變數來自於輕忽風險的發生，一旦發生可能自己的人生就毀滅了，沒有危言聳聽只是您的了解有多少，懂得越多越知道如何保護自己的生命跟財富，這是一種責任，亦是真豁達。

# 假設案例分析

假設案例一

**天啊！紅燈右轉撞癱人，判賠 1500 萬元**

王小姐開車自路口闖紅燈右轉，導致前方女騎士閃避不及，撞上轎車左前車身，因頭部重創成癱，高雄地院判決開車的王小姐需賠償右半身癱瘓的女騎士看護費、工作損失及撫慰金 1500 萬元。

**建議**：為了避免一夕之間財產一無所有，吃飯的錢、住的房子全部變成別人的，可透過信託法將動產及不動產作信託規劃，並且適用信託法第 12 條信託財產不得強制執行的法律保護，但前提是要在出事之前做才有效，需要半年以上時間，進行信託規劃，此為保護資產及信託觀念的建立。

**工具**：信託法第 6 條：信託行為有害於委託人之債權人權利者，債權人得聲請法院撤銷之。前項撤銷，不影響受益

人已取得之利益。但受益人取得之利益未屆清償期或取得利益時明知或可得而知有害及債權者，不在此限。信託成立後六個月內，委託人或其遺產受破產之宣告者，推定其行為有害及債權。

信託法第 12 條：對信託財產不得強制執行。但基於信託前存在於該財產之權利、因處理信託事務所生之權利或其他法律另有規定者，不在此限。違反前項規定者，委託人、受益人或受託人得於強制執行程序終結前，向執行法院對債權人提起異議之訴。

方向：人活在世界上，終其一生，為了自己、家人，在工作在上事業上打拼，祈求能創造更多的財富與成就，但是財富缺損的風險來自四面八方，根本無法預測，所以適當的將財富做合法的保護是必須要的作為，不在於闖禍遇事可以不負責任，而在於一旦出事時，財富不會陷於一無所有的境

2 資 產 保 全

地，除了沒有東山再起的本錢，連摯愛的家人也要跟著承受
淒風苦雨的生活。

　　**效益**：一旦生意失敗，不會被法院強制執行，還有棲身
地。

**假設案例二**

**科技業大亨 55 歲病逝，擁 60 億到負債 30 億的人生**

電子科技業大亨病逝，曾擁有 60 億元身家的他，因投資房地產失利欠了 30 億元債務，電子科技公司也在 6 年前倒閉。曾西裝筆挺出入名車的他，5 年前放下身段，靠著到市場擺賣高檔藝品，誓言我將再起，未料藝品生意在 4 年前黯淡收場，連續遭逢逆境的他，4 年前病逝，得年 55 歲，人生大起大落，令人不勝噓唏！？

電子科技業大亨一生的傳奇，他碩士畢業服完兵役就投入高科技產業，1981 年 25 歲時創設電子科技公司，歐洲美國市場，曾創一年 10 億元營業額，個人身家 60 億元，但 5 年後公司擴張過快，加上轉投資失利，發生多次跳票，直到 2011 年電子科技公司倒閉，妻子也離開，留下大筆負債。

**建議**：投資經營企業、必有其無法預知的風險，為避免

身家縮水、投資失利、經營倒閉，可以透過信託法將動產及不動產做確定的信託規劃。

**工具**：信託法第 12 條信託財產不得強制執行。

**方向**：名利雙收的榮華富貴賞味期多久？東山再起的本錢，你是否準備？透過信託機制，保管你的資產。

**效益**：透過資產保全的概念，幫資產建構起一道烈火難熔的防火牆。

## 假設案例三

### 追稅技術上層樓假扣押千萬勞斯萊斯

蓄意移轉財產，藉此規避稅捐的納稅人注意了，國稅局追查欠稅技術更上一層樓，基隆國稅局表示，近期發現一對行政救濟期間意圖脫產的兄弟，為避免一毛錢都拿不回來，緊急在二天內成功申請假扣押弟弟名下的勞斯萊斯名車，初估價值逾千萬，成為各區稅捐機關討論的新焦點。

官員表示，為維護乖乖繳稅的民眾權益，稅務人員近期也卯足全力追稅，值得一提的就是假扣押名車的案例。過去國稅局假扣押的財產，多以銀行存款，股票或不動產等資產為主，此次則是首度假扣押勞斯萊斯。

官員解釋，轄內一對兄弟幾年前到屏東地區炒房，一年內交易 7 筆以上，交易金額突破億元，實際獲利逾千萬元，遭國稅局認定弟弟應要設立投資公司並列報營所稅，另哥哥

漏報逾百萬的綜所稅案件，交由基隆國稅局繼續追查。

為避免多年炒房所得付諸東流，該對兄弟採取行政救濟和保全資產同步進行策略，一邊向國稅局申請復查，訴願，一邊又將名下存款，不動產等交付自益信託，讓稅務人員相當頭痛，擔心一毛錢都追不回來。

但稅官和執行官並未放棄，先對信託財產就欠稅人自益(即本人取回轉售處分獲利時)部分假扣押，後再循線找到哥哥名下，市價逾千萬元的勞斯萊斯名車，依法啟動假扣押程序，經法院裁准，3 天內就成功假扣押，增加追稅談判的籌碼。

官員說明，欠稅人常藉行政救濟程序進行財產移轉，企圖規避納稅義務。惟目前已針對巨額應納稅額案件加強控管，如果發現有隱匿或移轉財產，逃避稅捐執行跡象者，會立刻依稅捐稽徵法第 24 條第 2 項規定聲請對納稅義務人財

產實施假扣押，以保全稅捐債權。

　　**建議**：炒房獲利，漏報營業稅及所得稅，應即補繳千萬元稅金。然欠稅人假借行政救濟程序進行財產移轉，蓄意規避納稅義務。此舉違反租稅公平正義，獵漏稅捐工法執行是維護全民的利益。

　　**工具**：行政救濟與資產保全同步進行，但先就信託財產「欠稅人自益」即本人取回轉售處分獲利時，部分進行假扣押。

　　**方向**：國稅局目前已針對鉅額應納稅案件加強控管，如發現有隱匿或移轉財產、逃避稅捐者，對納稅義務人財產進行假扣押，以保全稅捐債權。

　　**效益**：就財產信託如「欠稅人自益」，本人取回轉售處分獲利時，國稅局可就部分進行假扣押。

**假設案例四**

**資產保全，十億變失意，董娘嚐盡冷暖**

以前錢對我來說，從來不是問題，現在每天身上有 100 元就滿心感恩，由億萬富豪落入新貧階級的楊伊萍，現在母子三口一天的菜錢最多 60 元，母子近年來的處境，只能用悽慘來形容。

他曾經是掌握 10 億以上的資產，享受榮華富貴，事業資金進出動輒上千百萬的連鎖食品業老闆娘，不料一夕間夫妻聯手締造的連鎖食品王國化為烏有，丈夫失聯，他獨自一人帶著二個兒女苦吞三餐不繼，黑道討債威逼恫嚇的恐怖生活。

楊伊萍與老公是白手起家，民國 81 年間創業，憑著苦幹實幹精神，短短幾年從無到有，在嘉義打下連鎖食品業江山，10 幾年的輝煌歲月，夫妻倆累積了龐大的資產，每年

尾牙總要席開百桌以上。

　　當時各家銀行主管見到他，總是忙得鞠躬哈腰，開口閉口尊稱董娘，大家搶著把錢借給他。

　　楊伊萍說，作夢也想不到，這等榮景竟在轉瞬間成為過眼雲煙，由於食品業景氣下滑，民國 91 年間，辛苦打下的江山因周轉失靈徹底崩解，當時的負債已難估算，十億的偌大家產，到頭來徒留失意與回憶，楊伊萍嚐盡世態炎涼，夫妻離婚後，先生逃往大陸躲債，從此失聯，她獨自帶著二個孩子，房子被拍賣，至親好友避之不及。人生最不堪的莫過於尊嚴遭到踐踏和落井下石，楊伊萍難過的說，原本往來銀行熟捻的高階主管，毫不留情將他們母子掃地出門。

　　失去房子的那年冬天，母子三人棲身在陋屋，夜晚連禦寒的棉被都沒有，只能緊縮再一起相互偎暖，當時二女兒患有先天性心臟病，念小五的么兒有車禍住院，悲慘的境況讓

楊伊萍心力交瘁。

楊伊萍說自己沒有逃避的念頭，只想在絕境中求生存，他做直銷，拉保險，擺地攤，幫人打掃房子，做手工縫紉等，最多曾同時兼五份工作，從早忙到晚，還曾到至親債主經營的工廠做了五年的白工抵債。

楊伊萍為賺錢終日辛苦奔忙外，黑白道上門討債，讓母子時時精神緊繃像驚弓之鳥，黑道討債無所不用其極，有一次攔路堵車，帶走小孩逼得他下跪救子，彪形大漢黑衣人三番二次直闖住處砸東西，惡行惡狀各種招式用盡。

**建議**：經營、投資必有其無法預知的風險，為避免身家縮水、投資房地產失利、經營倒閉，透過信託法將動產及不動產做確定的信託規劃，透過信託財產不得強制執行的法律保護珍貴資產。

**工具**：信託法第 12 條：對信託財產不得強制執行。

　　**方向**：十億身家時的榮景，擁有不代表永遠，最基本的資產保戶都沒有做好，讓子女受到牽累，若要避免唯一方式就是事發前的信託規劃，才能從容面對可能發生的風險。

　　**效益**：透過資產保全的概念，幫資產建構起一道烈火難熔的防火牆。

# 根深蒂固的舊觀念

**一、我又沒跟人家借錢，我不怕！**

我一生規規矩矩，沒跟人借錢，也沒欠別人錢，我很單純啦，根本不用擔心

**二、不需要吧！有誰會拿走我的財產。**

做資產保全的規劃，怎麼想都跟我沒關係，誰！？有誰！？會拿走我的財產，我真的想不到，你也太小題大作了吧！？

**三、我為人正當，這資產保全跟我沒關係吧！**

我做人正當，不偷不騙不搶，資產保全應是那些做事不踏實，人際複雜的人該做的吧！？我不需要

**四、財產都在我的掌控之下，放心，安啦！**

我的財產都在我的安排掌控之中，沒有人可以拿走的，

這點你可以放心

**五、我理財一向謹慎，真的不用，謝謝關心。**

我的理財方式都是經過極為謹慎的評估，我不亂投資的，我對我的財產安排有把握，謝謝您

**六、你這！？我聽多了，一向以來，我的財產都平安無事。**

你們業務員最會說這個我聽多了拉，不會有事的，安啦

**七、你有什麼見解，說來給我聽聽！**

少部分的客戶會希望給自己一個聆聽的機會，或許真的是有幫助的，這樣的客戶是最棒的，也是給業務員一個說明的機會，對彼此雙方都有助益。

# 轉翻導正的新思維

**一、您有在做生意嗎？別人有沒有可能倒你的貨款，而影響你要支付給別人錢嗎？**

大多數的人都不希望欠別人的錢，清清白白的才是我們想要的風格，對嗎！？但是我們看看社會上及我們身邊發生的欠債倒別人錢的人，也不見得每個人都是事出由己喔，舉例說筆者的朋友太太就是 20 年前被空殼公司當人頭負責人，跟銀行借錢最後公司讓他到閉，而必須由人頭負責人來面對銀行幾千萬的債務，如果是您願意還這幾千萬嗎？答案只有一個那就是不可能，當然我朋友他們也不願意還，而是竭盡所能的讓名下不要有資產，轉放到先生名下。

另外來說您的客戶有沒有可能會因為資金周轉不過來，那有沒有可能來倒您的貨款，那您有沒有可能連帶無法支付

款項給廠商，這些都是意料之外的情節，更是你不願意發生的事情，但！？如果如果發生了就是要去面對承擔對嗎？，請問您的停損機制有做了嗎？

**二、你有開車嗎？若不小心紅燈右轉，把人撞癱結果會怎樣？**

您有開車嗎？您曾經紅燈右轉嗎？您曾經闖紅燈嗎！？開車的人坦白說幾乎都很小心翼翼的，若以避免出車禍來說，筆者認為專注力真的是要100%，但是開車開呀開的，有時會不會覺得無聊，稍稍稍稍的給他分心那麼一點點，可能開個音樂，可能拿個飲料來喝，再拿個東西吃，小小塞車時會不會瞄一下手機的網路資訊，維信或賴，算不到的！？被您忽略的才叫嚇死人的，緊急剎車接著給他撞上黏上去前面的車，而幸運的是車子只有給他小擦傷的，人平安沒事，我哩好家在，捏把冷汗的，如果是不幸運撞上人撞到

癱瘓那怎麼辦，賠錢要不要賠上千萬，您僅有的家當夠不夠賠？您和孩子溫暖的窩會不會因賠償而被拿走？吃飯的錢還有嗎？孩子會不會跟著你一起沒地方住，沒錢只能吃饅頭配白開水。

**三、您有聘請員工嗎？他從上班一直到下班回到家，這段時間如果出事，都跟老闆您有關係對嗎？**

事業要做大做穩，徵請員工來上班是必需要的，而且員工人數越多代表的是訂單多量大，公司很賺錢對嗎？

然而根據勞基法第 59 條，勞工因遭遇職業災害而致死亡、殘廢、傷害或疾病時，雇主應依左列規定予以補償。但如同一事故，依勞工保險條例或其他法令規定，已由雇主支付費用補償者，雇主得予以抵充之：

1‧勞工受傷或罹患職業病時，雇主應補償其必需之醫療費用。職業病之種類及其醫療範圍，依勞工保險條例有關之規定。

2‧勞工在醫療中不能工作時，雇主應按其原領工資數額予以補償。但醫療期間屆滿2年仍未能痊癒，經指定之醫院診斷，審定為喪失原有工作能力，且不合第3款之殘廢給付標準者，雇主得一次給付40個月之平均工資後，免除此項工資補償責任。

3‧勞工經治療終止後，經指定之醫院診斷，審定其身體遺存殘廢者，雇主應按其平均工資及其殘廢程度，一次給予殘廢補償。殘廢補償標準，依勞工保險條例有關之規定。

4‧、勞工遭遇職業傷害或罹患職業病而死亡時，雇主除給與5個月平均工資之喪葬費外，並應一次給與其遺屬40個月平均工資之死亡補償。其遺屬受領死亡補償之順位如左：

（1）配偶及子女（2）父母（3）祖父母（4）孫子女（5）兄弟姐妹。

　　如上所述，雇主的責任風險是非常的巨大，因為眾多員工之中，面對的不只是工作時間而以，也包含上下班的交通，這其中發生事故可能性是您完全無法掌控的，如果員工不性遇到事故，輕則受傷重則死亡，對於企業主來說，可謂難以承受之重，所以資產保全的了解及規劃，是為了企業的永續經營不至於因此而結束，這是身為企業主的您必須面對的課題。

　　**四、您有聘請送貨司機嗎？他在路上被撞或撞人，您都是連帶債務人對嗎？**

　　公司出貨要聘僱送貨司機，可能一位可能多位，馬路上存在許多因不小心因恍神神造成的意外事故，被撞的人可能是別人的錯誤造成，撞人被撞都有極大可能，受傷到死亡或癱瘓，雇主要連帶賠償的可能由幾千元到幾千萬都有可能，這是逃不掉推不掉的責任，您是否已經做好完整充分的，財富風險轉嫁機制？

**五、不幸被當人頭向銀行冒貸，這樣的債務，法律上你也要還錢對嗎？**

　　一樣米養百樣人，如果不幸被當人頭冒用冒貸，而欠下銀行 2000 萬的巨額欠款，您有何打算！？要還嗎？自己也是被害人，更絕的是會在您身後的遺產繼承時也要清算這個債務，就是要拿走你準備留給子孫的珍貴財產，如果你有留的話，就是拱手送給這個烏龍的人頭銀行債權人了，真正做壞事的詐騙集團，已遠走高飛不知去向，留下的是跟隨著您一輩子的無妄之災，所有的不幸與災難，幾乎都不可預測或掌控，唯一能掌控的是還沒出事的現在，您是否有將資產做了信託保護的機制，這樣才能夠將一輩子血淚拼搏的財富保守給我們摯愛的家人。

### 六、有沒有可能有一天枕邊人會變成您的債權人，您知道嗎？

居安思危一切都有可能發生，在債權人當中，當離婚的配偶請求夫妻剩餘財產差額分配請求權時，也就成就您債權人的另一種型態了。

夫妻本是同林鳥，結婚後的一切辛苦與快樂都要共同承擔品嚐，人家說相愛容易相處難，話雖這麼說百世夫妻感情甜蜜蜜者多有人在。

夫妻之間感生變成因無法作完整的歸納，因為日常生活之中瑣瑣碎碎，大大小小的事情，都有可能造成摩擦意見分歧，長此以往感情就會產生嫌隙，終至無法挽回的結局，只有離婚一途。

當然社會上異性的吸引及誘惑，仍是婚姻當中最嚴峻的考驗，總之做最好的每一個當下，我不去負人就是給自己

最好的交代了。

　　如果必須要走到離婚時，可能您的財產大過配偶，此時對方便有權利來行使夫妻剩餘財產差額分配請求權，也就是要將您日以繼夜，辛苦努力攢下的財富，分給即將毫不留情離開你的人，此時您願意嗎？當然有的人是會願意的，或許因為感恩或其他因素，但可能有更多的人希望掌握自主權，也就是說該不該給要給多少，都可以由我自己做決定，說穿了這些都是權利的善用及行使，關鍵在於事發之前您的了解有多少！？您做了甚麼安排！？

　　民法第 1030 條之 1 的規定，夫妻離婚，應就婚後財產扣除婚後負債後的剩餘部分，其中較少的一方可以向較多的另一方請求差額的一半，這就是所謂的「夫妻剩餘財產差額分配請求權」。

### 七、你的財產有防水、防火、防地震嗎？

您的財產型態是甚麼屬性，比方說有房子，汽車，股票，土地，保險箱裡的鈔票黃金鑽石，保單等等。那您可曾想過這些您名下所擁有的資產，怕水，怕火，怕地震嗎？這些的天災人禍會不會造成您資產的毀損呢？如果您的答案是會，那該如何保護？當事情發生時損失可以降到最低的程度。

如果有一種資產不怕水不怕火不怕地震，平時你看不見它，但是你要用錢的時候拿就有，不會折舊而損失也絕對不會讓你賠錢不但保本還可以賺時間財，有這樣的工具你說好不好，對您有沒有幫助？想不想擁有它！？請您猜猜看是甚麼？對！？就是保單，白紙黑字寫得清清楚楚由法律來保障你的權益，是不是很棒！？看懂的人聰明的人就是要趕快得到。

② 資產保全

# 第三章
# 傳承規劃

身後伸出一隻墳墓的手繼續控制財產，

避免自己失去掌控權，子女繼承權糾紛。

# 前言

　　一生血汗拚搏的財富，努力是為了誰？為了子子孫孫的繁榮與幸福對嗎？可能多數的人並沒有周詳的思考到，在您身後的傳承上，子孫要面對的問題有多棘手，首先我們來了解以下程序：

一、遺產稅的現金誰來準備？

若父母親生前沒有準備，未來子女要面對的是哪一個

1・舉債付稅，跟誰借，借的到錢嗎？

2・稅捐擔保，擔保金哪裡拿？拿得到嗎？

3・建商合建，要跟兄弟姊妹商量嗎？要多才能達成共識？

4・分期繳納，還是要追錢來繳稅，辛不辛苦？

5・實物抵繳，公告現值與市價的價差您認賠嗎？

6・拋棄繼承，已經逾拋棄期，燙手山竽丟不掉。

7・以命抵稅，孩子說錢我沒有命一條。

如上所述您期待的結果是如何，屆時遠在天堂的您幫得了孩子嗎？

二、協議分割：

對於二個孩子以上的協議分割，都是不可能達成協議的，在女婿媳婦的想法加入之後將更為困難，最後公同共有連帶債務，會是最後的選項，這樣的結果您能接受嗎？

三、繼承登記：

參考實際案例最快半年內，目前最久的是位於土城地區的不動產至今 73 年還沒登記完成，而您的繼承登記時間預計要多久呢？

# 導讀

　　父母親將資產掌控在手中，是正常而且普遍的行為，再怎麼說那些財富都是他們辛苦創造而得到的，在過去傳統的觀念上是緊握住到死才放手，但此一作法其實是最差的作法，因為要讓兒子媳婦女兒女婿們去協議分割，父母親留下的財產，首先意見不會一致，最後感情破裂官司纏訟者多有所聞，如果您可以運用保險這項理財工具先做受益人分配給子女，但生前仍是由您握百分百控制權，在您身後才會轉給子女，未來子女可以順利拿到已分配好的財產，這種做法可以讓子女間的感情更好。

# 假設案例分析

**假設案例一**

**五兄妹爭遺產抵繳遺產稅全落空**

某地主過世，遺有現值六千多萬的九筆土地，但其子女爭奪遺產一直沒有結果，土地遲未過戶，原本二千多萬的遺產稅，經罰鍰加上滯納金後，已暴增到六千多萬，五兄弟姊妹擔心自己財產被查封，被迫同意以土地抵繳稅款，遺產分文未得。

**建議**：地主生前可以透過合法免稅贈與額度，提早分年分次移轉給兒女。

**工具**：將土地賣掉以現金型態，以免稅額度逐年贈與給子女，若要以土地來做贈與則以共有方式逐漸贈與給子女，但要考慮土地增值稅繳納要一併計入免稅額度。

**方向**：國人有土斯有財的觀念深植於心，不動產的傳承

代表著長輩與對子女最深切的疼愛，人終有一天會死亡，在傳承上不動產是所有資產當中最棘手的，首先繳稅的現金誰來準備？若沒現金採用實物抵繳時子女們就要跟國家共有，另外遺產稅就算繳清，協議分割未達成協議時，兄弟姊妹就必須共有此不動產，未來不論出租或賣掉都要經過所有共有人的同意才能進行，那麼他們的想法會一致嗎？會不會造成彼此困擾與麻煩，因此破壞孩子彼此的感情，試問長輩留下的不動產給子女的結果是愛還是負擔？

**效益**：大哥請問您，比方說長輩留下三種等值的資產給您，一是獨立的現金，二是跟兄弟姊妹共有的不動產，三是給您單獨持有的不動產，請問您的選擇順序是甚麼呢？以筆者來說我的選項只有二個順位是一獨立的現金，二是單獨持有的不動產。讀者您的選項是甚麼？而您目前是如何安排給您最愛的孩子呢？

**假設案例二**

**商界聞人龐大遺產遭盜領，過世六年未安葬。**

曾集半導體產業之王、餐飲業鉅子、旅遊業龍頭等多項頭銜於一身的王銘石，於 88 年因病住院，至同年病逝。

王銘石臥病之前曾出售高雄，屏東，花蓮土地得款 15 億元，而在其在重病昏迷期間，售地款中轉為定存單的 2 億元竟被盜領，大批現金、私人支票、存款、有價證券、股票、帳冊全都不翼而飛，至 88 年底仍有 7 億元不知去向。

王銘石的遺產申報是在展延三個月內送進高雄市國稅局，因相關資料逾百頁，經兩年餘的抽絲剝繭，核定的遺產總額逾 15 億元，以當時的稅率計算其稅額約 5 億元，本案因涉及死亡前三年所移轉之財產必須計入課稅，及重病期間的資金流向待確認，因而懸宕。

王銘石的家屬因其遺產被盜領而對簿公堂，纏訟的官司

長達六年多，原本應與王銘石能否入葬並無直接關係，但其中因牽涉到利益糾葛，使入葬問題也成為一項談判籌碼。

本案因遺產糾紛而使其落得死後無葬身之地，生前的顯赫卻不能帶來死後的平靜與哀榮，可悲其一，盜領遺產案官司纏訟多時，恐盜領者花用殆盡，無法追回被竊遺產，但仍需繳納巨額遺產稅，可悲其二，因查案而牽扯出偽照文書，侵占，竊盜，贓物等罪使多人 ( 家屬 ) 被起訴判刑，可悲其三

**建議**：龐大的財產長輩會以世世代代的傳承來做考量，但若是未在身體健康時做好傳承的規劃，那麼很可能會在重病臨終之際，因為受到子孫的紛擾而更加痛苦，並且無法將財產如願安排。

**工具**：透過保險來指定受益及預留遺產稅繳稅現金，並能避免遺產遭到侵奪，保單工具的特性始終不變，過去這樣

用現今一樣這樣用有效，透過法律的切割及適用，將遺產法轉換到保險法，真正保守住用生命換取的財富，留給摯愛的子子孫孫。

方向：人性本貪，父親留下的龐大遺產，因未做妥適規劃，而成為子孫犯罪的標的，也因此犯下偽照文書，侵占，竊盜等多項罪名，使父親生前最疼愛的子孫被起訴而判刑，更使往生的父親六年時間死無葬身之地，這是最負面的假設案例，給讀者了解及引以為借鏡，筆者盼望世人都能在生前將財產做好規劃以避免更多的遺憾發生。

效益：成為產業之王是何等不容易，創造事業的艱辛困苦，比較於財產規劃是同等重要的課題，否則如同上述假設案例，父親一世的財富毀在子孫失控的貪婪上，確實可悲。

## 假設案例二

### 三手足爭產上億，報載揭家醜

政務官員王華美 2012 年過世，旺旺新聞報導他留下大筆存款，鑽石，珠寶，價值至少上億元，引來三名女兒爭產。

王華美長女黎美麗的委任律師張國政接受旺旺新聞訪問時說，目前已完成遺產清點，至於如何分配，因保險箱內有黃金條塊，鑽石珠寶等，要三名子女自行協商，若無法達到共識，只好走司法途徑，由法官來分配，黎美麗，黎艷麗指出，整篇報導都是么女黎真瑜在干擾遺產分配。

王華美在政務界的地位極為崇高，長女黎美麗曾任某高科技營運長，次女黎艷麗為上市公司股東。么女黎真瑜是知名舞蹈家。

旺旺新聞報導，王華美生前將大筆現金存在么女黎真瑜名下，已發現在帳戶內的現金高達上億元，是黎美麗，黎艷

麗在整理母親遺物時在保險箱內發現匯款單據,而埋怨母親偏心。

報導指為主導遺產分配,么女黎真瑜請律師擬同意書,是母親王華美把部分財產交給他處理,但姊姊質疑同意書是在王華美不省人事時所立,不具法力效力

**建議**:往往手中的財產都不會急著要做安排,即便已經是 70 歲的人,總是認為財產分配傳承規劃沒那麼重要,就算沒做還是會在阿,還是子女們的阿,所以壓根不是特別看重,但我們看看別人發生的糾紛事件,究其根源財產爭奪戰都還是在人性面影響很大,再說分配財產是父母親的責任及權利,把這個責任權利轉給子女來說責任人權利人就不對了,自然各種糾紛情節就會紛紛上演。

**工具**:當然如果可以透過保險這項資產工具,來指定安排給子女及金額的分配,這樣就可以有效的避免繼承權糾紛

的產生。

　　**方向**：在眾多投資工具中比如，銀行存款、黃金、共同基金、公債、珠寶、藝術品、骨董、高爾夫球證、標會、海外投資、期貨、外匯、股票、郵票，每一項資產都是屬於遺產，需要全體繼承人協議分割，而唯獨人壽保險的給付是指定受益分配不走協議分割的資產，因為他屬於保險法的規範而不是遺產法的範疇。( 根據保險法第 112 條：保險金額約定於被保險人死亡給付於其指定受益人，其金額不得做為被保險人的遺產 )

　　**效益**：財富的積累是要讓自己及摯愛的家人，可以過上物質豐盛的好日子，若會造成糾紛那就儘早做規劃以避免，長輩留下財富的美意卻成為子女傷害彼此的源點。

假設案例三

無人繼承祖產 450 億元，為何最珍貴的不動產，子孫想要卻無法繼承？

100 年北市有高達 450 億元價值的一萬多筆土地、1900 多棟房舍面臨無人認領，於此地政局推出「未辦繼承土地及建物列冊管理情形查詢」系統，只要輸入被繼承人姓名、死亡日期，即可找到相關對應的列管土地地號、區段等相關資訊。以提高民眾辦理土地、建物繼承登記比率，否則預期 15 年未申請繼承將予以標售。

地政局科長表示，國人保有財不露白的傳統觀念，導致過世後，親友們不知先人留下那些財產，才會發生祖產無人認領的情況。

一旦未辦理繼承登記的土地、房舍，只要超過法定公告期限，就會移交國有財產署進行公開標售。北市 5 年前資料

統計有 858 筆、124 棟房舍遭移交處置。

地政局表示：超過一年未辦理繼承登記者，將列冊管理，預期 15 年未申請繼承辦理者，將移請財產署公開標售，標售所得以專戶儲存，繼承人可依法領取，逾十年未提領即歸屬國庫，如標售 5 次仍未標出者，即登記為國有。

呼籲民眾應盡速辦理登記，以免祖產歸公，讓先人感嘆為誰辛苦為誰忙？

**建議**：為人父母的我們，為何最珍貴的不動產，子孫想要卻無法繼承？如果已逝的先人知道，他們在天堂有何感想？心在淌血也無法挽回。在傳統的觀念裡是自己用到最後一刻放手，讓孩子們得到，敢問您曾經為了財富傳承的事情，去感受坊間社會別人的發生及結果，來思考您自己的方式嗎？這是一門至深的課題，舉凡筆者曾經服務的醫師院長，企業主，田喬及二代，高科技業 CEO 等等……不是他

們不夠聰明，而是本業太忙無暇分心，如果沒有透過專業人士的解析及規劃，很大的可能是會造成繼承權糾紛的，最終讓摯愛的子女想要卻拿不到父母親留下的財產。

**工具**：傳承的工具有很多種，比如信託，遺囑，保單，贈與…。關鍵還是在於您的思考點，想達到甚麼目的情況，必須要跟專業人士討論，因為每一個工具都有其特性及適法性，並有其複雜的程度，一般民眾是無法深透理解的，又坊間的道聽塗說，都是片段資訊錯誤的見解。

**方向**：若以不動產的繼承來說，國人特別喜愛持有不動產，那是一種幸福的感覺，看的到摸得到真實的存在感，不動產甚麼都好，但是在繼承的時候它反而是最麻煩不易處理到圓滿的資產，因為繼承的方式有單獨繼承或公同共有繼承，在走遺產繼承程序時通常在談不攏的情況下，就會先登記為公同共有，那麼未來就等著一代接一代的繼承，持有的

人數就增加，由數人到幾十人甚至上百人都有可能，這樣還有辦法處理嗎？真的是沒辦法，看得到吃不到就是這樣。

**效益**：筆者實際服務客戶經驗得知，沒有一個人願意，因為自己留下的財產，造成子女反目成仇對簿公堂爆粗口，但是他們自己並沒有有效的方法，也沒有對的人可以在適當的時候出現幫他，筆者建議有這方面問題待解決的客戶應該積極的認識保險顧問，或其他理財專業人士，來尋求這方面的資訊，就會有機會遇到可以幫助您的專業人士。

# 根深蒂固的舊觀念

### 一、到時再說，不急啦！

大部分的人在傳承規劃的話題上，總會跟你說，還早啦！？不及啦！？不用分啦不用啦！？達賴喇嘛曾說明天跟意外哪一個會先到？筆者的客戶說意外，因為意外是突然無預警的，疾病還會知道大概幾時要走，所以我的客戶真的是很有智慧，當不測之難的意外來時，你還沒安排好的財產會不會造成子女們的困擾，原本感情很好的兄弟姊妹，會不會因為遺產的協議分割而反目成仇對簿公堂對罵叫囂爆粗口最後不相往來，請問您知道這一切是誰造成的嗎？

### 二、我走了，就是他們的呀！

分甚麼分啊！？我還在呢，等我眼一閉腳一蹬，就是他們的啦！？筆者要說的是除非您不在乎它們是否會拿不

到，那真的就是跟你沒關係了，可是如果您一輩子努力的財富，要確定可以傳給你想給的人，也確定他們都一定要拿的到的話，那就真的不能等到您走了，愛他們就要用心了解，無損於您生前的擁有，只是讓你最疼愛的子孫可以得到您圓滿的愛，永遠讓子孫感念您的智慧。

**三、還早啦！**

筆者服務的客戶有些會說還早啦！？其實我探究其內心，可能是已經自己有安排，但不想跟我討論，也有可能是還沒有，自認為有很理想的方式可以進行，並且會認為一切都在變，索性就不急且走且看了。

**四、那要怎麼做？**

筆者服務的客戶曾經直接這樣問，傳承規劃！？那要怎麼做呢？這樣的問話其實是非常誠意的，因為他想聽你所說的內容給他有一個參考的依據，姑且不論我怎麼跟他說，

這樣有心的客戶，是很細心用心地在為下一代著想的，筆者服務的客戶當中，這樣屬性的客戶都會刻意的把自己的資產做好完善的規劃。

**五、先給孩子財產，怕以後我要用錢拿不到。**

手心手背都是肉，財產根本用不完，很多長輩這樣說，看到坊間社會經常發生的子女不孝事件，看了長輩很心寒，我們時時刻刻都在為子女著想，給他愛的想要的，就是要看他開心的樣子。

要子女來為父母盡孝順孝心，筆者的二個孩子都是 90 後出生的，以我的親身經歷來說，會是很難很難的一件事，我的作法給您參考，我的錢幾乎都是放在保單裏，要用錢我拿就有，人走了花完了就是圓滿，如果還有剩下的就是指定給我的孩子，當然擁有龐大財產的人善用每年免稅的贈與額度是很好用的喔。

**六、我的孩子都很單純，以後他們自己分一分就好了。**

自己的孩子永遠是寶貝，是心頭的一塊肉，在父母親的眼中都是乖都是單純的，自然不存在要先分財產的難題，但人心是會變的，隨著時空背景不同，結婚後的想法，所交到的朋友，這些都會改變他們處理事情的價值觀及態度，奉勸長輩們可以分可以先安排的，最好先處理，免得以後您在天堂幫不了他們。

**七、我自己已經有想法了。**

有些客人會說我自己已經有想法了，他會拒絕聽你所談的相關話題，其實客戶的這種思維是存在極大的風險，因為客戶原本的想法如果不說出來，如何知道會是最有利的做法，如果拒絕專業人士的報告及分享，讓可以微調到更好的空間就沒有機會了，損失最大的還是您自己跟摯愛的子孫們。

**八、我已經請律師寫好遺囑了。**

專業的律師讓我們有安全感，讓我們有正確感，殊不知法律上的彈性空間，以及彼此認知的差距，都會造成遺囑無效的事實發生，所以現在的社會您還是要有基本的法學基礎跟概念，才能確定把事情做到有效及正確喔。

**九、該做的時候，我就會做。**

有些人總有自己既定的步伐與速度，因為堅持自己的聽聞，而自己又沒有整理的能力，導致於會一拖再拖很難進行，始終停留在原地。

**十、我想把身後全部財產給女兒（兒子）要怎麼做？**

有少數客戶會說我身後的財產，我只想給我女兒要怎麼樣做，我就會問他說有確定嗎？如果不想給的人仍然拿的到可以嗎？如果客戶的答案都是確定的，那我就會建議他用保單的指定受益人來做規劃，因為這種做法的成功率是100%。

### 十一、用信託可以嗎？

信託有很多的客戶好奇，為甚麼人家都說信託超好的，那傳承規劃可以用信託來做嗎？用錢的目地及效益如果牽涉廣泛就要分開討論，但若單就傳承來說是不行的喔，因為信託最終還是走遺產法，會進入遺產繼承分配及協議的程序。

### 十二、我都分好了

筆者曾經遇到 58 歲的大哥朋友，他說他的資產型態都是土地，而土地也都分給四個兒子分好了，細節的部分不願意多談，這樣的朋友我們就不勉強了，因為資訊也是給有想要的人，有緣的人，您說對嗎！？

# 轉翻導正的新思維

### 一、請問您明天和意外哪一個先到？

人的一生無法掌控的就是出生跟死亡的時間，試問您可曾想到被您忽略的傳承規劃，未來孩子們要承受多大的傷痛，這些或許您壓根兒認為沒那嚴重，讓我們看看坊間及社會的新聞事件，博士，法律系教授，立法委員，為了遺產就是要爭就算對簿公堂也不惜，財產爭奪戰究竟是人性還是教養，筆者始終還是困惑，但是可以阻止這場撕裂親情之戰的人是偉大的父母親您，因為您的正確安排可以避免或是可以把子孫彼此的傷害降到最低，對您來說是輕易的事，那您還要等多久？

### 二、您留給孩子的資產是痛苦？還是愛？

在事業上的拚搏演出，無非是為了摯愛的家人，看著寶貝的孩子長大結婚生子，我們的腦中永遠都夢想著美好的未來，在您事業成就之時，財富也隨之到位，自己享用不完的財富當然就留給子孫世世代代的去享用。

財富傳承看似簡單，卻經常有著難以理解的過程及結果產生，回想我們身邊的親友及社會新聞事件，好多的情況都是因為父母親留下的財產而造成子孫對簿公堂反目成仇不相往來的事件，但為何還是有很多人不理解也看不懂，而沒有記取前車之鑑，導致類似遺產糾紛事件一再一再的上演，如果是您的子女發生？您能接受嗎？適合您的傳承規劃必須要透過專業人士，來能給您正確的訊息，繼而做到自己跟子女都完善的規劃。

**三、透過良好正確的規劃，讓您活多久，財產就能用多久。**

正確的規畫需要透過專業人士的協助，人家說隔行如隔山，說明每個人都只專精在自己的本業裡，理財看似簡單卻是有其複雜的程度，過去多數人會依照自己的習慣喜好來安排自己的理財，這原本就是個人的自由，但在傳承規劃上，是極度專業的課題，因為牽涉層面廣泛而且複雜，一般人是無法參透其中的奧秘，如果要讓財富的規劃達到自己的理想，借重專業人士將是您無法拒絕的選項。

**四、別讓財產爭奪戰，擊垮家族的輩份圍籬。**

某知名大學法律系教授，告叔叔侵吞財產，筆者常說財產爭奪戰沒有輩分的難題，對於當事人來說這是多麼痛的領悟，財產只是工具並沒有生命卻是可以主宰家族的命運，究竟始作俑者是誰？長輩的無心之過卻傷害子孫最深，這真

的是愛恨的交織，無解的習題。盼望您的瞭解可以讓類似的遺憾不要再發生。

### 五、財產爭奪戰，是人性？還是教養？

如果您留下的財產會造成子孫的紛擾感情悖離，那麼您有甚麼想法？不要再說我們家的教養沒問題，這只是你一廂情願的想法及看法，人性的多面你能夠掌控的有多少，真的愛子女就要聽專業的建議，直接做正確的安排及規畫，不要去挑戰繼承權糾紛發生的可能性，而是你要做到讓它沒機會發生，才是智慧。

### 六、你不想給的人拿得到嗎？你想給的人可以拿最多嗎？

曾經有位長輩說，我的財產不給兒子，我只要給我女兒，這樣的事件您應該不會詫異吧！？人生當中走到最後，你會知道誰最疼惜你，又是誰一直在忤逆你只想挖你的錢，

而且從沒給你好的臉色看，終於你清醒了清楚了，身後那些沒用完的財產你要回報給誰？對你付出最多的女兒，如果有確定就要啟動規劃了，筆者會建議這樣的個案可以透過保單規劃來完成，指定受益人只給女兒，一方面想給的人一定拿的到，在另一方面受益人若要變更也可以隨時更改，這樣就會更符合每一個當下的狀況，

### 七、伸出一隻天堂的手，照顧您最疼愛的人

在您身後伸出一隻天堂的手繼續控制財產，目的是為了繼續照顧您最想照顧的人，您想擁有這樣的機制嗎？其實很簡單只要透過保單規劃加上信託規劃，就可以完善您的遺願了。

### 八、生前分配，死後兌現。

用保單規劃來詮釋生前分配死後兌現，那就是活著的時候您自己咨意運用，財產掌控權百分百，最好是把它花

光，因為沒花完的錢都不是你的錢，所您就要努力花錢盡量花錢用力花錢，來不及花完的錢，就送給您指定的最愛的孩子。

這樣的規劃可以讓，自己老年開心，孩子知道以後有錢拿，也會很孝順又用心，來照顧您探望您，直到您人生的終點就是最完美的結局。

**九、只留愛，不留恨。**

這輩子誰是您的最愛，我相信很多人都會說，是子女，是的是我們把他帶到這個世界，我們想要給他最美好的一切，對子女的愛永遠都不會改變，為人父母從小呵護著寶貝們長大，給他們無憂慮的成長環境跟條件，聰明的孩子們也深知只有父母親是最愛他們的。

終於有一天我們老了，還留下了許多的財富要送給他們，那是滿滿的愛與疼惜，此時許多的父母親會把財產傳承

這件事情不看重，覺得沒甚麼嚴重的，不就是孩子們的嗎？其實真的不然，看看親朋好友及社會事件，您不難發現怎麼別人家都這麼會計較，這麼的難搞定，沒錯這最大的原因是他們的父母親不在世了，所以沒法管了，所有繼承人都最大，重點是看別人想想自己，不要讓這種無解的繼承糾紛發生在自己家人身上，由愛變成恨才是最重要的。

　　透過保單規劃在父母親身後所給付給受益人的每一塊錢都是父母親最完整充滿的愛。

# 第四章
## 退休規劃

尊嚴晚年，生活費＋可能發生的長期受照顧費，家族和諧樂融融，避免向子女伸手要錢的窘境。

# 前言

　　想富有的退休，先存錢給自己，低利環境隱憂 55% 民眾退而不休，台灣人真命苦 49% 退休規畫是不退休，如果錢不是放在自己名下，百分百掌控權，在退休來臨時，您能確定未來不需要跟子女伸手要錢嗎？

　　民國 103 年百歲人瑞激增 349 位而全台共有 2525 位百歲人瑞，2015 年中國時報報導，政府的四大基金 ( 軍人退撫金 4 年內花光，公校教師退撫金 107 年開始遞減 117 年破產，公教人員退撫金 119 年破產，勞保基金 107 年開始赤字 116 年破產 )15 年內接連完蛋。政府財政亮紅燈，您的退休敢靠政府嗎？生活周遭 65 歲以上仍在辛苦工作的長輩，因為錢不夠用必須拖著老命繼續打拼賺錢，沒有選擇不是宿命，是在退休前 20 年沒有做夠自己的退休規畫，你我都有可能老後破產，除非您已做了專屬的退休規劃。

# 導讀

　　一般人漠視退休準備的重要性，導致於退休後政府的福利金不足，孩子的孝養金太少，自己又沒有準備足夠的退休金，而必須要再度拖著老命出來工作賺錢養活自己，值得思考的是只有自己準備的才最穩當靠別人給的都不可靠，而提早準備退休金是對自己生命的尊重，別等一切都遲了再後悔。

# 假設案例分析

假設案例一

**七口之家月薪 4 萬信封裡有乾坤，薪水分十類裝入信封，一封透支是警訊，省吃儉用，如今夫婦有屋，孩子有樂，親友好奇又羨慕**

通膨利害但有六個孩子的新竹市彭國雄夫婦抗通膨的功力更厲害，彭家每月總共有四萬餘元收入，要養一家七口。

但他們擁有自宅，孩子學鋼琴，假日打牙祭旅遊，親朋好友既好奇又羨慕，彭家自創的信封理財法成為不少人學習的妙招。

39 歲的先生和 37 歲的太太說，他們一連生了五個孩子，連父母都嘀咕，幹嘛生那麼多，親友們則是感佩他們有用勇氣養六個孩子。

剛結婚的前四年，夫妻倆是標準的月光族，老公薪水不

夠她花，有一天警覺口袋連為孩子買奶粉的錢都不夠，面對著一鍋炒飯掉淚，她開始厲行自創的信封理財法。

我把老公的薪水分成十等分，按比例區分為緊急預備金，食物，水電，交通，教育，雜支，稅金，帳單，娛樂，儲蓄，分別置於十個信封袋內，太太說只要任何一個信封袋內的錢透支，她就會緊踩剎車。例如伙食費透支了，她就會做些簡單又營養的義大利麵，生菜沙拉，三明治等，照樣讓孩子吃得健康又頭好壯壯。

孩子都是撿親友的衣服穿，省了很大一筆開銷，購買蔬果時，她就和娘家的媽媽，姊妹們到果菜市場合購整箱再交換，既便宜種類又多，每買一次足夠一周用量，長期下來省下可觀支出。

我家的孩子不補習，由學理工的爸爸教數學，媽媽交國語英語，鋼琴則請教會裡的姊妹到家裡教，一次一個半小

時，小孩只要有興趣，都可以輪流學，還省去接送的油錢。

別人的想法是要買新屋淪為屋奴，彭家卻是挑法拍屋，便宜辦房貸不影響生活品質，全家每周打牙祭，到附近踏青。

節流以外，彭國雄的年終獎金都是原封不動的存在帳戶裡，並研究股票等投資理財工具，他表示若有複利觀念，加上小富由儉，要成為千萬富翁不難，但切忌投資不是投機，想炒短線，錢很快就炒完。

**建議**：在有限的金錢使用上，有規則有方法有紀律的在運用，就可以把想存的錢存下來，這是肯定的，將食衣住行育樂，做調整到自己認可的狀態，理財是可以達到圓滿的境界，不要再說錢不夠用，沒有規畫的在用錢，很容易就在浪費錢，浪費的是未來養老要用的錢。

**工具**：理財有分積極型的例如股票，黃金，等等不確定

收益期待高報酬的投資和保守型的保單規畫因為保本可以讓退休生活無虞，同時有尊嚴的養老。

**效益**：比爾蓋茲投資法，資金的25%拿去做積極型投資，75%拿來做保單的規畫，才是穩贏的投資理財策略。

假設案例二

一年 50 萬過富翁生活，優質退休每月至少 6 萬元享有一年一度國外旅遊，國產車代步及不錯的醫療品質，陽春生活只要 3 萬，最奢華得 15 萬

退休後住那裡想做甚麼？四種等級退休生活，退休金準備大不同，從出門搭捷運而且不出國玩的陽春退休生活，到出國打高爾夫球，做 SPA 的奢華享樂生活，退休後每個月所需資金從 3 萬到 15 萬元不等。

保險公司試算，如果退休後只要有穩定棲身之地，不出國玩耍，只想一年一次國內旅遊，對生活要求不多，只看免費展覽或表演，每個月跟家人在平價餐廳相聚，就心滿意足，保誠人壽認為，這種恬靜陽春的退休生活，每個月生活費在 3 萬元以下即夠。

不過如果想要像大多數民眾在退休後到國外旅行，假設

一年到亞洲出國一趟，平時有國產車代步，生病了能有足夠資金享受安心的醫療品質過個舒適愜意的退休生活，換算成每個月的實際生活費用可得拉高到 6 萬元。

　　尼爾森市調公司針對台灣民眾進行，對退休生活的想像與實際規劃調查，結果發現多數人想要的退休生活十分相像，台灣民眾最嚮往的退休生活，是以旅遊，從事公益活動，學習或是再進修為主的生活。

　　保誠人壽市場行銷部協理王美美說，無憂無慮到全球各地旅遊是台灣民眾最嚮往的退休生活，有 52% 的民眾認為，退休後最想做的事就是旅遊，到國外旅遊高達 62% 遠多於國內。

　　王美美建議，民眾在規劃退休資金時，別忘了將出國旅遊的費用計算在內，一趟亞洲行程旅遊，約在 3 萬元到 6 萬元之間，家計兩人就要 6 萬元到 12 萬元。若是歐美行程則

要 7 萬元到 10 萬元，兩人也要 14 萬到 20 萬元。一年若一次亞洲一次歐美，兩人就要花掉 20 萬到 32 萬元，換算成月支出，每個月要多規劃 1.7 萬元到 2.7 萬元。

如果想要一個優質的退休住處，住在大台北地區，40 坪房子最少也要千萬元，又想擁有 Audi，Saab，Volvo 等進口轎車或是休旅車才算原了退休夢，還要到歐洲來場十天，半個月的深度旅遊，王美美說，這種富裕無虞的生活，退休後每個月支出最少需要 8 萬元。

至於奢華享樂的退休日子，習慣駕著雙 B 轎車乘風奔馳，坐擁數千萬豪宅，和身分地位相當，志同道合的朋友常到國外打打高爾夫球，做作 SPA，休閒時到五星級飯店喝喝下午茶，每年到國外親友家住幾個月，甚至環遊世界，保誠人壽換算，這種奢華享樂的退休夢想，每個月可得準備高達 15 萬元的生活費。

　　**建議**：根據個人的財力預算來預訂每月 3 萬到 15 萬元自己想要的可以擁有的退休生活品質與生活方式，以上是依循參考的指標，避免想要的跟未來實際上得到的差異過大，事前落實的準備有其必要性。

　　**工具**：保單規畫的特性在於金額的確定性，及確實可達您自己預定的生活品質，而對於一位退休的人來說，保單無疑是最沒有變卦的一種工具選擇。

　　**方向**：退休規劃要掌握在您自己的手中，未來才不會為難子女，要專款專用不將就自己的尊嚴，一輩子的努力，您值得的擁有。

　　**效益**：保單規畫可以達到退休的三不原則，不能失敗，不能賠錢，不能重來。

假設案例三、

年輕賭光四棟房，老來舉廣告 - 王大明愛賭，輸掉了金錢與家人

你要我講我的故事，實在有點不好意思！？說起來，我的人生也算大起的落，30 多年前，我在宜蘭頭城開汕頭麵店，由於手藝不錯，煮的東西客人愛吃，真的賺了不少錢，當年我至少有三四棟房子，可惜後來我愛賭錢，愛簽大家樂，將千萬積蓄和房產統統輸光光。

兒失聯女兒皆嫁人，我也因為愛賭，沒照顧好家庭和小孩，沒教好兒子，讓他成天向家裡伸手拿錢，花天酒地的壞習慣，都快 40 歲了，還沒有固定的正當工作，前幾年我把麵店結束，主要是希望兒子覺悟，應該要靠自己雙手打拼賺錢，可惜他不會想，現在我們失去聯絡，對於兒子，我感到很抱歉，也很難過。

　　我老婆五年前和我離婚，現在我租房子一個人過，平常靠政府發的老年津貼，還有舉廣告牌，發海報過日子，我每天從宜蘭騎機車到頭城上班，在路口舉廣告牌，一天工作八小時可以賺 800 元，從上午九點開始站，每小時休息 10 分鐘，比起年輕時打拼的精神，這難不倒我，只是年紀真的大了，不知道還能站多久？

　　你問我會不會怨兒女？其實都是我自己不好，我兩個女兒對我算孝順了，不時會過來關心一下，今年父親節還包紅包給我，我不會嫌啦！？何況他們都嫁人了，各自有家庭要照顧，現在我還能動，不想給他們添麻煩，我有時會想，如果我年輕時會守住家業，不要太得意忘形，起碼現在的家庭狀況會不一樣，我也不會那麼苦。

　　我當年實在很荒唐，可以一個晚上輸掉 100 多萬元，這個錢在當時可以買下一間小套房，而現在我為了每個月

6000 元房租，還有生活費，天天都得頂著烈日，冒著風雨工作，足足要做滿 8 小時。

人生最難是守成，對於眼前這樣的日子，我雖然後悔從前的揮霍，但不會埋怨，比較悲哀的是，長久以來，我兒子都沒來看我一下，提起這些，讓我更加清楚了解，人生最難的其實就是守成，如果年輕時不懂得珍惜，老來就會像我一樣。

**建議**：各行各業賺錢都是不容易，辛苦攢下的錢財，如何去保守住，守住財富就是守住家庭一家人的幸福，一步踏錯，可能要面對無法挽回的曾經擁有的一切，但往往都是失去才知道珍惜，只能說為時已晚，無法追回，父母的言行舉止都是孩子的身教言教，除了自己晚年的淒涼，子女仍然是受害者。

**工具**：案例中的主角，如果當年可以將一部份的錢放入

保單，那麼他的老年人生歷史將會改寫，善用保單規劃是避免自己晚財不保的有效方式。

**方向**：賭博看中的是機會，善用風險分散法則，將一半的錢拿去賭博另一半的錢放入保單裏，才能確保自己未來不會一無所有，因為保單裡的錢將會成為你最忠實的依靠。

**效益**：以保單規劃作為退休準備的工具，可以確保退休時有錢用，並且過著自己預訂好的退休生活品質與方式，為自己的末段人生寫下完美的句點。

# 根深蒂固的舊觀念

## 一、我吃的不多，我沒問題

筆者的客戶說我原本就吃的不多很好處理，一時之間沒有想的太多，直覺延續生命只需要吃食物而已，但是實際上是包含著食衣住行育樂六種項目的花費，退休後時間多了自然花錢的機會就會更多，一般來說客戶的思考點是單一的點，畢竟不是專業想不到這麼深透，自然不覺的嚴重性，這也是業務員必須要理解的部分，就是因為客戶不瞭解自己的完整需要，才會需要借重專業人士的協助，來教育我門的客戶，解決老年沒有生活費的問題。

## 二、我很簡單，不需要花甚麼錢的。

筆者的客戶說我很簡單，不需要花甚麼錢，實際上是因為他目前在經營事業中，時間全部被綁住，根本也沒有時

間去花錢，可是退休後想要過自在的生活，據我所知他喜歡出國到歐洲等國做深度的旅遊，這些嗜好退休後就一定會去進行，這樣的花費假設每年出國二趟，也是需要至少50萬或更多，說真的算的到的還要包含沒算到的，一輩子打拼賺的錢對自己捨得也是應該的不是嗎！？

**三，吃的簡單啦！？只是吃好跟吃差一點而已嘛！**

其實我們都知道退休的人生，並非只有吃好跟吃不好這件事情而已，更重要的是內心的安全感踏實感，這些說穿了不都是以手上擁有多少退休金來決定的嗎？或許有人會說錢不是最重要的，但更有人說人是英雄錢是膽，這是個自由題，總之是要為退休後的生命生活負責，在準備的過程當中就已經知道自己未來的命運了。

**四，沒想過這個問題，這也沒甚麼問題啊？**

您可以選擇不結婚，可以選擇不買房子，可以選擇不

上班，但有一件事是沒有選擇的，那就是變老這件事，退休的問題沒想過有二種情況，一個是手上有很多的錢，有用不完的錢，所以沒想過退休規畫這件事，另一個情況是，要賺錢及支出金錢的壓力很大，根本沒有時間去想退休規劃的事情。

　　人兩隻腳錢有四隻腳，現在滿手現金，到您要退休時有沒有確定還有多少錢？如果錢沒了，人生還能再重來一次嗎？只有透過現在妥適的規劃，確定退休時我們有錢，生活費受照顧的錢都足夠了，才能放心。

　　都說現在沒錢可以存，那麼到您退休時有錢嗎？能退休嗎？如果沒有錢該怎麼辦？誰能給你錢？誰來養你？政府能養你嗎？孩子會養你嗎？社會團體能養你嗎？如果你的答案是不確定，那要不要想盡辦法給自己存下一些老本，未來才不會變成悽慘的老人。

### 五，錢我有，怕甚麼？

有錢的感覺真的很好很幸福，有一個做大生意的朋友，每天錢都是億來億去的，他說作夢都沒想到自己有一天會一無所有，生意失敗徒留失意與回憶，現在有錢不代表未來一定會有錢，您可以想想身邊的親朋好友或社會新聞，有沒有人是曾經擁有巨大財富而現在已一無所有的例子。

現在有錢要確定未來有錢，並不困難只要您相信專業給您的規劃建議，其實保單的好處就在於可以保守你的財富，讓你確定擁有它。

### 六，政府有發老人年金，我的孩子都上班了，也會給我錢。

照顧老人是政府的責任，在觀念上確實是這樣的，但是政府有多少錢辦多少事，這合理吧！？況且政府也要做地方建設做經濟發展，林林總總要顧全的項目還是很多的。

依政府的福利政策是要看當下的財政及經濟狀況來撥錢的多寡，過去的福利有很多錢發給老人，但不代表現在也會很多，現在的經濟局勢走弱老人又比以前更多，在憎多粥少的情況下，你只能拿到一點零用錢，但要以此為生，根本不可能。有些孩子很孝順父母親，都會定期給生活費的，如果是您那真要恭喜賀喜您，因為現在孩子賺錢真的是很不容易了，首先他要養家養孩子，可能所剩無幾或甚至不夠用的，若您還需要巴望著孩子能給你生活費，那就會進入惡性循環，因為他可能養不起你，也更養不起他自己的未來了。

### 七、到時再看，沒錢再煮地瓜湯

會說這句話的人通常不是很看重退休規劃，可能是眼前有更重要的事要做，或著沒有閒錢可以存，我們都知道退休規劃提早的重要，雖然還要 10~20 年才要退休沒那麼急，就一直沒有做好規劃，可知未來您可能要面對的是沒有安感

的老年生活，人生本來就存在許多的變數，有可能老了以後
會沒錢（看看周邊的朋友社會事件，不要鐵齒說不會，被
詐騙被親人倒債幫子女買房買車的很多很多……）或者很有
錢，但如果能讓自己退休確定有錢會不會比較好？筆者要給
您誠懇的建議，還是要儘早透過保單規劃來做好未來的生活
準備！？

# 轉翻導正的新思維

**一、專款專用不將就，一輩子的努力，你值得的擁有。**

把錢的用途做明顯的區分，這樣可以確保實現及完善，我們一輩子都在辛苦努力的賺錢不敢休息，是為了甚麼？無非是為了子女為家庭為配偶為父母親，讓摯愛的家人能過物質不缺的生活品質，當父母親孩子配偶都過得很舒適時，代表您是負責任的人，連同自己老後的那個人一起安排因為他才是最值得擁有享有你創造的財富，就給自己訂作一筆專用資金，安享美好的銀髮生活。

**二、履約保證，安全確定的退休金，會不會比較安心？**

投資的房子有沒有保證賺錢？雖然是黃金地段，當你急著要用錢的時候脫手時會不會賺錢？投資股票基金都是績優股，有沒有保證給你賺錢？投資公司當股東有沒有也保證

賺錢，當然你有可能會因此賺很多錢，但我們看身邊親人朋友及社會事件，因此慘賠套牢跑路者，亦不在少數，這是代價，沒有對錯，但這個過程顯然是有趣刺激的，只是我們也可以有一個比例是放在一份白紙黑字給您履約保證的保險契約，沒有可能沒有不小心只有確定的承諾，當人生最重要的退休時刻來臨時，您能昂首闊步開懷地告訴自己，我很滿意。

三、腦袋決定口袋，換一個有錢人的腦袋，讓錢自己流進來。

打理財產是需要有一個清澈如水的思路，人家說現在的投資市場沒有專家只有輸家跟贏家，歐美先進國家將生活品質看得非常重，不讓投資的難題困擾生活規律及自在，比爾蓋茲說用理財避投資的風險，是理財穩贏的有效策略，保單不失是規避投資虧損風險的重要工具，透過保單賺時間

財，換一個有錢人的腦袋，讓錢自己流進來。

**四、退休有三不原則，不能失敗，不能賠錢，不能重來。**

準備養老要用的錢，究竟要放哪裡最好呢？這裡有一個基本原則可以提供您參考，那就是三不原則，第一所選擇的這項工具絕對不能失敗，因為以後會沒錢用，第二所選擇的這項標的絕對不能賠錢，因為以後錢會不夠用，第三已經走到要退休的 65 歲說沒錢要重來再打拼賺錢，答案是不可能因為一切都太遲了。

**五，台灣人的投保率已突破234%，為何愛買保險？無非是安全保本不會賠，繼而能擁有美好的退休生活品質。**

在台灣買保險堪稱是全民運動，一方面是業務員的努力，另一方面也代表國人的理財屬性傾向穩健及保守，保險雖不能一概而論說是最好的理財工具，但就以退休規劃所需的不能虧錢不能損失不能重來的結果及保險保本增值的特性

來說，用保單規劃退休生活才是萬無一失的良策。

六，根據衛福部社會家庭署 2017/09 月統計，全台百歲人瑞已有 3063 人，目前醫療科技的發達長壽已經成為趨勢，而能夠擁有老年的尊嚴及好的生活品質是老者的夢想，也是您現在必須規劃的重要課題。

醫療科技及養生醫學的日新月異，成為許多疾病的剋星，就算癌症照顧的好也可以長壽，因為國人注重保養長壽的長輩越來越多，取而代之的是老年照顧養護的花費相當的龐大，若沒有提早規畫安排來因應老年尊嚴及優質生活品質所需的開銷，就會增加孩子及社會的困擾及負擔，自己也無法得到完善的照顧。

# 第五章
# 金錢型保險金信託

您擔心的人可以得到照顧，避免您的離開
讓他生活陷入困境。

# 前言

人的生命有盡頭，對家人的愛卻無限期，在您身後有沒有會讓您擔心的人，而他也將因為您的離開而使生活陷入困境，其中的對象並不限定為家人，而筆者所協助的個案裡都是為家人，有未成年子女，不擅理財的孩子，限定只有兒子用的到，至少有飯吃不會餓到等等…，通常來說也是以家人居多，您規畫的保險在您身後的保險給付金會直接轉入信託專戶來照顧您摯愛的家人，沒有資產揮霍，有心人士覬覦，投資虧損破產等等的問題，是您對孩子摯愛的延續透過信託來完成。

# 導讀

　　人世間存在許多的痛苦與悲歡離合，孩子就是父母親生命中的一盞明燈，心頭的一塊肉，所有的努力血汗只為寶貝的家人，然！？生命有盡頭愛卻沒有盡期，有形的肉體生命可能無法陪伴孩子孫子的成長成就到終老，但若委以保險金信託的機制卻可以代替我們對子女的愛永衡而璀燦。

# 假設案例分析

假設案例一

**遺囑信託－金流與管理分權：父親智慧安排，身後留下的錢，只有兒子能用。**

台灣資深藝人身後留下約新台幣 3 億元遺產給兒子，透過信託方式可以保障兒子未來的生活。

當時兒子才剛滿 20 歲，父親身故的前一年訂立信託，將名下資產轉以信託基金方式運作。信託業者表示，透過信託由受託銀行保管錢，再找人擔任監察人，協助彈性運用的決定，金流與管理分流，就能確保每一分錢都用在愛子身上。

父親生前累積不少資產，包括美國，英國等地不動產，還有銀行帳戶資產，投資股票與黃金等等。

信託業者表示，以此案為例可以將資金信託給銀行等信

託業受託管理，不要交給私人受託，因為信託業需要受到信託法的管制，較為嚴格，由自然人信託是民事信託，受到民事法管制較為鬆散，而且，將資金信託給銀行，信託的資金與銀行的財務完全分離，還可以受託保管數十年，上百年，遺愛甚至可以照顧到孫子。

但自然人受託，卻有可能遇到自然人出事，或是身體不適等，而無法託管，也可能發生受託人私帳與信託的帳分不清楚的狀況。

透過資金與不動產信託給銀行，再由熟識的朋友共同擔任信託監察人，決定細項的資金動用與否，將資金與運用管理權分流，對委託人父親來說，可以更放心。

信託業者指出父親的遺產信託之後，可以指定資金用途的大方向，例如等到兒子結婚時可以領走幾分之幾的資金，或是一筆固定金額，比如 500 萬港幣等，避免兒子太小，不

懂得運用財產，一下子就把遺產用光。

　　而且，將錢與不動產信託在受託業者名下，由於動用都需要全數監察人同意，受託銀行才會撥用這筆款項，不用擔心有心人士覬覦兒子繼承的龐大財產。

　　**建議**：信託是受益人一生衣食無憂的秘密。根據信託法第 1 條，「信託」為「委託人將財產權移轉或為其他處分，使受託人依信託本旨，為受益人之利益或為特定之目的，管理或處分信託財產之關係。」藉由信託幫助財產需要規劃的人，能以更有效率且安全的方式達到目的。

　　**工具**：金錢型保險金信託，可以照顧您最摯愛放心不下的那個人。

　　**方向**：適用對象比如說，是孩子有精神或肢體或智能障礙的情況，或父母親認為孩子有需要或有擔心的，以及未成年子女怕不能陪他們到成年時都可以適用，是讓自己生死兩

無憾最好的方法，因為您留下的金錢是透過信託法規由銀行來執行，完全不會有人為的變數存在。

**效益**：信託是按照委託人所訂定的信託本旨內文來達成委託人的託付。

**假設案例二、高額保險金信託－金流與管理分權**

**避免家人敗光家產兒子規劃高額遺產信託，讓家人有一輩子不愁吃穿的錢**

台灣藝人於 1993 年規劃 8000 萬元的高額保單，身故金受益人寫給父親，但因父親生活花費出手闊綽，兒子也擔心父親揮霍無度，所以規劃將港幣 2 億元的遺產交付信託，並指定父親是其中一位受益人，每月有受益金 20 萬元，但是父親不滿意，要求信託公司將二億元財產交給他自行管理，然而信託受益人有權利終止信託嗎？參照台灣的信託法規定，自益信託的受益人可以隨時終止信託，但是他益信託的受益人則必須與委託人共同終止。

在此案例中，如果他益信託的委託人 (兒子) 已經死亡，受益人就可以單獨終止信託，將信託財產取回，因此思慮周詳的信託契約內容中，委託人一定要加入保留行為條款，讓

受益人不能咨意作為。

**建議**：以上例之信託規劃，是兒子要給父親尊嚴的晚年所需的生活費用。信託法規定，自益信託的受益人可以隨時終止信託；但此案例為他益信託，他益信託的受益人必須與委託人共同終止，但委託人已死亡，受益人即可單獨終止信託。而在信託契約中，自益信託不得隨時終止，應視契約有無特別約定

**工具**：信託一旦成立，即使打官司也難以終止。此為保障受益人的權益。

**方向**：信託主旨在解決人跟錢的問題，但要充分發揮效能，端視信託財產的多寡及樣態，再輔之

以信託的專業管理及分配，將可達成委託人的心願。

**效益**：信託能幫你解決摯愛的家人得以受到妥適的照顧，避免有心人士的覬覦。將高額遺產透過信託規劃與專業

管理、可避免受益人毫無節制地的花費，與人情借貸的壓力，即使委託人不在人世，仍可有效透過信託機制照顧年長父母親或年幼子女生活費所需。

**假設案例三**

**敗光 2 億淪遊民，餓偷蛋糕，企業二代，遺產 3 年花完**

位於基隆市的企業二代，變賣亡母生前以他的名義買下的土地，豈料不到 3 年就敗光二億的家產，淪為遊民，偷蜂蜜蛋糕被逮，知情者莫不感慨！？

知名企業創辦人，60 年前白手起家，在基隆市創立知名的運動休閒用品，創辦人育有四子，生前就以四個兒子的名義投資土地買賣，15 年前創辦人往生，四個兒子各自擁有名下財產，其中老三最幸運，他名下位在基隆的土地，因都市計畫改列住宅區，而大大增值，老三在 91 年以二億元高價賣掉這塊土地。

地方人士指出，知名企業老三一夕致富後訂製特粗金鍊披掛在腰帶上，還一口氣買下賓利等四部名車，而且夜夜笙歌，不但曾包下酒店整晚，還把金飾，鑽石，高檔水晶當小

費，任酒店小姐挑選。

地方人士說，最誇張的傳言是，他上酒店時，當著大家的面前把鈔票大把大把的燒掉，眉頭都不皺一下，甚至曾帶20多名酒店小姐回家陪宿，家中更以黃金條塊鋪床，日子過得真是爽。

知名企業老三91年賣掉土地，但三年就敗光，還殃及家族企業被法拍，幸而後來獲得貸款數千萬元，申請新公司買回廠房，方得重整家業。

老三在外花天酒地，向地下錢莊借錢，卻留下公司地址，電話，家人咬緊牙根為他償還巨額債務。老三前天在一家大賣場順手牽羊偷蛋糕，當晚交保後，為了吹冷氣好睡覺，他竟呼叫救護車假裝要送醫，最後因沒錢繳費而大鬧醫院，昨天他被送往遊民收容中心安置，

**建議**：創辦人母親歷時60年的事業，一生的血汗辛勞，

打下的事業基礎及財富江山，為的是誰？莫不是子子孫孫的幸福，再不成材的孩子也是父母親心中最疼愛的寶貝，然而若只留下財富給孩子，以上例來說，顯然並不是最好的方法。

若母親生前可以使用保險的理財工具，結合信託開戶，則在母親身後要給孩子的錢將會直接進入信託專戶，依照成立信託當時母親所訂立的用錢規則，來進行照護孩子的任務。就不可能會造成如上假設案例淒慘潦倒的人生。

**工具**：信託是保全財富，避免資產腰斬，保護我們摯愛的家人生活費無虞的唯一工具。

**效益**：本案例創辦人若善用信託機制，給三兒子規則的用錢方式，寶貝的孩子就會有規律的人生，至少食衣住行育樂不會少，也可以擁有婚姻因為有錢就娶的到老婆，過正常人的生活。

# 根深蒂固的舊觀念

### 一、有聽別人說信託好像還不錯！

筆者的客戶說曾經向銀行詢問過信託方面的訊息，因為還是不了解所以就沒有做信託，多數人在坊間聽到的消息都是片段的，無法構成完整的圖像，價值感也無法了解，客戶要聽信託的功能對照到自身的情況及適用性，是很困難的，因為在銀行端他們的功能不在教育客戶，而是在解決問題直接做信託規劃的，所以客戶很難從銀行端有清楚的理解，再則保險業務員只對保險專業，以信託來說公司是沒有給資源的，也不在業務範圍內是屬於非營業項目，更遑論教育客戶根本是不可能。

### 二、信託到底有甚麼好處，我也不清楚？

其實信託的目的是可以照顧你自己，也照顧你想照顧

的子女或是家人，方式是將金錢轉入信託由信託法信託機制來執行你所訂定的付款方式，藉此來達到照顧保護家人的目的。

三、我身邊朋友也沒有人在做信託的。

信託是銀行的業務項目，如果您到銀行信託部去洽詢，應該會有一些些片段的了解，因為信託部還是會直接問您，要做甚麼信託，他們是在執行信託的商業而不是在教育客戶，筆者因為在信託方面有跟專精教學的老師學習近八年，所以自己在七年前就做了金錢型保險金信託，爾後幾乎每年都會幫客戶完成保險金信託的規劃。

四、錢不能隨便放在我不了解的地方，萬一不見了找誰呀！？

對於不了解的理財工具，我們不建議使用，因為錢財得之不易，理財的目絕對是要讓自己可以放心安心的才可

以，保險金信託是非常好的理財兼照顧人的工具，它可以破除自然人死亡的界限，來照顧您想照顧的對象一直到終老，因為了解這項工具您才得以使用發揮，達到您自己無法完善的境界。

**五、好像是銀行有在幫人辦信託業務的。**

是！？有很多銀行是有設信託部，設有信託帳戶申辦的營業項目，來服務有需求的客戶

**六、管好自己的財產就好了，為什麼還要甚麼信託的？**

錢財自己打理是舊思維，信託之所以存在並且漸漸普及化，是因為有比自己打理更強大的功能及效益，所以接受新的資訊及觀念是非常重要的，除了自己可以使用受益，也可以為摯愛的家人量身打造適合的信託規劃。

# 轉翻導正的新思維

**一、在您身後有沒有您擔心的人？因為您的離開讓他生活陷入困境？**

有沒有一個人，這個人可能會是您的孩子，家人或朋友，你很關心他很疼愛他，而他可能是有障礙的人，也可能是正常的人，因為某些您很清楚的原因，在您離世後他的生活會陷入困境，如果沒有妥適安排將會造成很大的遺憾，是無法完善的揪心，只有透過信託規劃才可以達到讓您生死兩無憾的真豁達。

**二、留給孩子的錢，您是想照顧他一陣子，還是一輩子？**

父母親辛苦攢下的財富留給摯愛的子女，這些財富代表您對孩子滿滿的愛，您希望這些財富可以照顧孩子多久？

其實您也不知道也不能決定對嗎？因為在您身後這些都不再是您的事了，孩子我們教得很好，我們都會覺得沒有問題，他們懂得如何運用財富和照顧自己，但是孩子結婚生孩子了想法會不會不同，交了朋友思維會不會改變，企業家二代繼承父親三億的財產，五年就花光，孩子的未來我們無法保護，可是如果可以透過信託機制，讓我們傳給他的財富可以確定照顧他一輩子，還可以照顧我們的孫子，這樣子會不會更好。

**三、您身後留給孩子的錢，有沒有可能被有心人士（婿，媳）覬覦而造成孩子的危險？**

筆者曾經聽過一個社會事件，說的是太太娘家是大企業非常有錢，也非常疼愛這個女兒，送給女兒很多的房產及財產，然而先生都明瞭這一切，打心眼就覬覦太太的財產，於是在一次次的家暴中把太太打到精神異常，先生於是幫太

太申請禁治產受輔助宣告，由他來擔任太太的監護人，掌控太太的所有的財產。

　　這個事件讓筆者感覺到毛骨悚然，一樣米養百樣人，表面的斯文帥氣，內心的猙獰壞心腸，長輩們都被他所欺騙了，但是可憐的是最愛的女兒，卻這樣犧牲了，為人父母的我們，能不能夠再謹慎把關的更嚴謹，不要讓覬覦的人有任何一絲絲的機會，讓他們不可能拿的到，只有信託真的只有信託做得到，愛我們的孩子，讓他們沒有負擔的不用冒生命風險的去擁有財富。

　　**四、生命不確定，我們不一定能陪孩子長大到成年，若不能！？那您留下的財產會託給誰保管？有沒有確定每一塊錢都會用在孩子身上？**

　　每個生命都存在變數，寶貝的子女是我們生命延續的強大動力，看著他們的一頻一笑，我們的心都融化了，時刻

在內心告訴自己無論多麼辛苦都要好好的栽培孩子，給他最好的教育，更要讓他贏在起跑點，讓我的孩子比別人有競爭力，長大後不要像我那麼辛苦。

921 大地震的富有災童是因為父母雙亡，領到的高額理賠金原本可以給孩子當生活費教育基金，但孩子還沒成年祖父祖母就當了法定監護人，老眼昏花的老人家動作也慢了反應比較慢，大伯將抽屜存摺裡的錢拿去買豪買名車，孩子住的是鐵皮屋，一天三餐只能吃一餐因為沒錢。換句話說如果已故的父母親在生前已經買了保單，並且連結銀行端信託專戶，那麼父母親一方或雙方身故時，保險理賠金就會轉入信託專戶，由信託專戶裡的錢來照護遺留下來的幼子，讓他們可以平安正常的長大。

如果有一天孩子還沒成年，但我們卻先走了，那我們留給他的錢能不能讓他好好的活到成年，接受應得的教育？

這是不確定的事，但若發生會如何？您是否該在生前就做好妥適的安排？

**五、有精神或身心障礙長不大的孩子，父母親的離世會不會讓他的生活陷入困境？**

筆者的週邊所認識的人當中，其實不乏有精神或身體障礙的孩子或成年人，無論年齡多寡他們都是父母親的心頭肉，最愛的寶貝，但是有可能父母親會先離世，而遺留下的這些孩子誰來照顧，能不能妥適照顧，三餐溫飽，天氣寒冷時穿得暖嗎？有沒有舒適居住的房子，這些的安排是要優先處理的因為不知道哪一天父母親會上天堂。

**六、要給孩子的財產，一部分交由信託來管理處分，讓孩子終身受益，更讓您對孩子的愛永恆延續**

筆者身邊所知道的一則事件，父親是大地主名下有好多價值不菲的土地，手上還有四，五億的現金，有二個寶貝

兒子30，40多歲，其中一個孩子因為交了壞朋友，整天遊手好閒吸毒享樂，父親總是心痛搖頭嘆氣不知如何是好，以此例來說，因為兒子交友複雜多是三教九流非善類，未來若繼承父親的遺產恐會遭到有心人士的覬覦，一方面身處險境，再多的財產若不當揮霍使用殆盡後，就猶如從天堂掉到地獄般的痛苦。

理財是一門看似簡單，實際上非常專業的課題，孩子自小讀書學校沒教理財，長大之後也沒學理財課程，父親卻要移交千萬或上億的資產給他，若沒有做好規畫，很可能就會害了孩子，這樣特殊的孩子對他好就要透過信託來幫他管錢給他用錢，讓這些父親留下的財富真正照顧愛子一輩子。

**七、當眼睛閉上的那一刻，您！還有遺憾嗎？**

閉上眼睛要上天堂那一段時間，人世間的所有你都不再需要了，但你放得下你最心愛的家人嗎？如果您在財產方

面已經做好安排，比如說遺囑分配，透過保單指定受益人的錢給你想給的一人或數人，或者您已完成信託專戶來確定可以照顧家人，其他資產以前就做好贈與過戶了等等…那麼您真的就放心沒有遺憾了，此生已完善，足矣。

現在即時為自己身後的財產做好規畫安排，讓生死兩無憾，是對自己負責及對家人的交代，生命終點不可控，要以準備好來等待，從容的面對一切是真智慧。

⑤ 金錢型保險金信託

# 第六章
# 遺囑訂立

生前指定身後財產給誰，避免公同共有，
連帶債務，收歸國有。

# 前言

　　財產不先給保留掌控權，身後再給又擔心子女繼承權糾紛，在此二難之際，遺囑可說是理想的工具，惟特留分即扣減權的行使，必須要一併處理到位，才不會引發另一場財產爭奪戰。

　　筆者所服務的對象年齡約在 50-60 歲之間，對於遺囑的認知及功能，透過漸進式的瞭解使得他們在自身財產的安排上有更完整全面的規畫，使權利的善用避免摯愛的子孫紛擾，自己的老年安養尊嚴無虞，資產掌控權百分百，家族和諧樂融融。

# 導讀

遺囑的特性是在指定受益人，此一特性是跟保單完全相同之處，但前者屬於遺產法，後者屬於保險法，前者之受益人有給付特留分之義務，後者之受益人沒有給付任何之義務，所以保險又可以說是類遺囑。

# 假設案例分析

假設案例一

## 知名建築業創辦人遺囑，指定三女接班

知名建築業創辦人陳偉國在 2010 年 10 月預立遺囑，在 2010 年 11 月三女與律師見證下，將遺囑開封，遺囑中囑附，盼眾子女及孫輩們能和睦相處，互相照顧。並指定三女為接班人，繼承全部財產，然其他繼承人仍難以接受。

遺囑部分內文如下：

一 . 財物遺贈安排：

　1. 本人之存款及股票，全部由三女單獨繼承

　2. 不動產全部由三女單獨繼承立遺囑人：陳偉國見證人：王國，林美文，張慶安，李如鳳

**建議**：從遺囑內文我們看見創辦人對於公司的未來發展，有著跟生命一樣重要的使命與責任感，這也就是他的企

業能夠生生不息的原因。

企業的經營是永續無限期，而生命卻是有結束的一天，人的權利始於出生終於死亡，生命的價值在於一生的經歷，生不帶來甚麼，死也帶不走任何，一切放下放下，關鍵在於生前做好自己想要的安排就是最好的了。以上的遺囑安排是被繼承人的心願遺願。

**工具**：為什麼要辦遺囑公證因為他有三個特性一，有堅強的證明力經過公證的事件，當事人任何一方或第三人都應承認其效力，萬一將來涉訟，只要提出公證文件，法院就根據他的記載作裁判，經過認證的文件，其簽名的真實性，當事人不得否認二.有強制執行力：對於 1. 以給付金錢或其他代替物或有價證卷之一定數量為標準者 2. 以給付特定之動產為標的者。凡是在公證書上載明，應逕受強制執行，如對方不履行時，可憑公證文件直接向法院聲請強制執行。

三.有案可查：公證事件的卷宗，當事人如有需要，可隨時聲請閱覽或抄發繕本。

方向：名下財產只想給某個孩子或要由自己做繼承分配時，都可以使用遺囑這項工具來完成，可以掌握生前分配死後兌現的機制，在生前可掌握到絕對控制權，若可再將特留分處理完善則未來身故後，可避免子女繼承糾紛。

效益：資產於生前未做處分及安排，而身後的繼承人若有二人以上時，在走繼承程序的協議分割遺產時難以達成共識，就無法進行登記，坊間或我們常看到的社會事件，許多都因遺產繼承而反目成仇對罵叫囂甚至對簿公堂者，不在少數，善用遺囑則可以儘量避免繼承糾紛產生。

**假設案例二**

**台灣醫學之母 25 億遺產爭訟 20 年落幕。**

台灣醫學之母，首位醫學博士過世後，爆發遺產之爭，八名子女為了 25 億遺產對簿公堂，卻因遺產過多繁雜，加上法院對遺囑指定財產見解不同，案件纏訟 20 年，最高法院於 2011 年判決，除長女可就遺囑指定分得一半財產外，其他房地、股票則由其他七名子女均分確定。

**建議**：台灣醫學之母的一生是如此的奉獻與超然，生前的偉大與顯赫，造福國家民眾，無疑是一位高度智慧的先人賢達，對於名下擁有的財產在投資管理上顯然也是非常有眼光及獨到的見解，才能創造如此龐大的家產。

唯可惜的是其在生前對於身後的財產分配上，就遺產繼承時八名子女要歷時 20 年的互相爭執及官司纏訟來說原本的親情也已經變質不堪了，於此母親顯有安排失誤之處。

　　二十年前遺囑觀念及作為並不盛行或精通此項專業者亦是少數，就以今日來論述，官司纏訟首先會是權利人提起辨別遺囑真偽之訴，若立遺囑時含公證人的公證程序時，則可避免諸多爭議產生。

　　**工具**：為什麼要辦遺囑公證因為他有三個特性一，有堅強的證明力經過公證的事件，當事人任何一方或第三人都應承認其效力，萬一將來涉訟，只要提出公證文件，法院就根據他的記載作裁判，經過認證的文件，其簽名的真實性，當事人不得否認二.有強制執行力：對於 1.以給付金錢或其他代替物或有價證卷之一定數量為標準者。2.以給付特定之動產為標的者。凡是在公證書上載明，應逕受強制執行，如對方不履行時，可憑公證文件直接向法院聲請強制執行。三.有案可查：公證事件的卷宗，當事人如有需要，可隨時聲請閱覽或抄發繕本。

　　**方向**：財富的累積是智慧血汗的報償，世代傳承是創造者的心願，遺囑的成立更是我們疼愛孩子的具體表現，給他財富是愛但不要做錯了，演變成是給他造成負擔及恨意，這些沉重的話是社會新聞血淋淋的事實，不容許我們再重蹈覆轍。

　　**效益**：遺囑訂立含公證程序，成就立遺囑人的遺願，使受益人得以快速拿到應得財產。

假設案例三

**資深歌手梁國峰繼承恩師 2 億資產遭質疑，法院判遺囑無效**

於前年五月逝世的大導演王麗，是演藝圈知名資深歌手梁國峰的恩師，身後留下 2 億的遺產，但並未留給家人，反而是依據一份遺囑，分配給資深歌手梁國峰，此事引發王光的五位親弟妹質疑，花蓮地院以遺囑內容有錯誤，因此判決確認遺囑無效，仍可上訴。

王光於 2010 年過世，他的胞妹王梅及二位兄弟認為他們應繼承姐姐的遺產，但在申報遺產稅時卻發現，梁國峰已先依據一份遺囑辦理遺產稅申報，但他們質疑在在王麗住院期間從未聽姊姊提及有這份遺囑，遺囑內容也不像是姊姊的語氣，而且也難以相信姐姐將全數遺產遺贈他人，而沒留下分毫給家人。

梁國峰則抗辯稱，王光在預立遺囑時表示自己孤家寡人，沒家庭，也沒甚麼好留戀的，家裡人一毛錢都不給，因為他與弟妹情分淡薄，每次與他聯絡都是借錢，感到非常心寒，梁國峰也表示，王光生前將大小事都都交給他及呂雄處理，在王光罹患中風不良於行後，也是由他及呂雄全權代為打理公司及家庭事務，足見師徒關係猶如親人。

**建議：**事業上誰幫你，生病時誰幫你，歡樂時誰與你共度，生前王麗的內心有清楚明確的瞭解，如人飲水冷暖自知，即將要到人生終點的王麗，想要把一生打拼的財富，送給始終在身邊不離不棄陪伴他照顧他的梁國峰和他的員工，這是人性的選擇，可惜的是協助他完成遺囑的好友卻沒有去了解到法律適用上的完整性及無效性的關鍵，導致王麗的心願遺願未能以償。

成立遺囑時若可以拿到法院公證處，給公證人公證時，

公證人就會詳查此份遺囑的內容及法律適用性，依上例處理的人若有法律的基本素養時，遺囑有錯誤就會重寫到正確為止，到公證人要求的適法性，這樣就會依立遺囑人的願望很圓滿來達成。

　　**工具**：為什麼要辦遺囑公證因為他有三個特性一，有堅強的證明力經過公證的事件，當事人任何一方或第三人都應承認其效力，萬一將來涉訟，只要提出公證文件，法院就根據他的記載作裁判，經過認證的文件，其簽名的真實性，當事人不得否認二.有強制執行力：對於 1. 以給付金錢或其他代替物或有價證卷之一定數量為標準者。2. 以給付特定之動產為標的者。凡是在公證書上載明，應逕受強制執行，如對方不履行時，可憑公證文件直接向法院聲請強制執行。三.有案可查：公證事件的卷宗，當事人如有需要，可隨時聲請閱覽或抄發繕本。

**方向**：得之不易的財產是很私人的，要給誰不給誰，只有生前可以以自由意志來做安排，若只用嘴巴說出來的都不算因為沒有法源可以執行，身後您想照顧的那個人就得不到你在金錢上的照顧了，反之有可能你根本不願意給的人，他卻可以拿到你最多的財產。

**效益**：透過遺囑含公證程序，可以達成你人生最終的心願及遺願。

# 根深蒂固的舊觀念

### 一、寫遺囑還早啦！？

傳統的觀念是不吉利，感覺好像是要詛咒自己，其實現在筆者的客戶多數都能接受先了解再進行討論，給自己機會，一個可以把自己的財產安排到更好的方式，對自己和家人都是正向有利的事情。

### 二、甚麼遺囑呀！？讓孩子他們以後自己分一分。

很多長輩其實不願意談分財產，有可能是還沒有想到自己能接受的方式，或不願意失去掌控權的心態，或者認為這根本不是甚麼嚴重的事，因為以後自然也會發生阿，就是等他掛了之後，幹嘛現在談這個勒，抑或是認為孩子都長這麼大了，應該沒問題他們到時自己可以處理的，所以長輩壓根不願意談遺囑的事情。

### 三、我又不像他們有錢人的，我財產不多不用啦！

這句話的意思是上百億千億的名人才要做遺囑啦，一方面是推諉不想談，再方面可能認為自己的孩子不需要這樣的安排就可以搞定，總之筆者認為財富的多寡不是重點，因為每一塊錢都是血汗智慧的報酬，得之不易的珍貴資產，但是善用合法的傳承工具，卻是有其深度的價值所在，用與不用不影響別人，而是你疼惜子孫的另一種詮釋及作法，讓孩子們的的感情親情可以此生不變一切都是父母智慧的安排。

### 四、我曾經有想過，也有寫過，這我不會忌諱。

筆者 53 歲的客戶說，遺囑我曾經想過也有寫過，我不忌諱寫遺囑，這樣的客戶我打心裡都感到開心，遺囑訂立雖然不是我的營業項目，但是我能夠幫助客戶藉此改變他們家族命運這件事，是我何等榮幸與福份，真的很感動，經過一次一次的漸進式了解理解，我相信我很快就可以幫到這位客

戶完成遺囑訂立（含公證程序）了。

**五、我再慢慢了解看看。**

給自己一個機會，遺囑只跟自家人有關係，跟其他人都沒關係，所以這是很棒的一個工具，讓傳承更圓滿，減少繼承糾紛，對簿公堂，反目成仇，互相對罵叫囂，報粗口的機會，但是最棒的工具除非為您所用不然都不是你的，幾時要做，那就要請問您！？明天跟意外哪一個會先到？

**六、我的財產可能有一些用途還不確定呢？**

可是我的財產還在異動中，當然財產是會做調整的目的是為了要更好，可是幾時能就定位自己也沒個準兒，因為所有的事情都在變動中，生命也不確定，唯獨只有遺囑做到了才能叫確定，等未來資產再有變動時，遺囑再做調整就好，您這樣才是正確的做法喔。

# 轉翻導正的新思維

**一、面對您留下的遺產，孩子要獨自面對甚麼難題，您知道嗎？**

有些長輩認為為了子女自己已經做的夠多了，確實長輩們為家庭為子女付出一切青春歲月，創造累積許多的財富，他們以為這樣就是至愛的表現了，其實在傳承上我們看到身邊的親朋好友，及社會新聞，子女們為了父母親留下的遺產，對簿公堂，反目成仇，對罵叫囂爆粗口，埋下仇恨因子，時有所聞甚至是屢見不鮮。

更多的人看到的是單一的點，而無法了解真相，所以為何此事總是層出不窮無法斷絕，上至高官，名醫，大企業家，等等有太多太多的人都在發生這樣的遺憾。

因為傳承的程序學校沒教，社會上也沒人在教，但他

卻是很複雜的過程，包括資產包括人性都在這個程序裡發酵不斷的發酵，當沒有人願意退讓吃虧時，無法控制的遺憾就會產生。

首先遺產稅是繳給國稅局的，要用現金繳，這筆錢若長輩沒先準備好，遺產很大可能就要抵繳稅金了，說到這裡辛勞的父母親您能接受嗎？所以您一定要把錢先準備好，孩子才拿的到您的財產，再來遺產稅繳完了，遺產的種類樣態這麼多，怎麼分，以不動產來說可以用講的誰哪一間哪一間嗎？如果是您會接受分到你不想要那一間嗎？要爭嗎？你不爭可能其他人也會爭，爭就卡住了，沒有人要退讓，最後只有一條路就是公同共有，這是不動產繼承的死胡同，要賣要租都會有人不同意，要用硬的就走訴訟，持有的人從幾人到幾十人到上百人，終局就是無法使用。

這個遺產繼承的過程是，子孫很想很想要父母親留給

的財產，是幸福滿分的資產，可是要拿卻很難怎麼樣都拿不到，身為父母的您可有感受到子女的心痛，讓遺囑訂立（含公證程序）來解決這個難題吧！？

**二、天啊！？父母留下的土地不繼承面積已快跟金門一樣大了！**

不動產是國人最喜歡的資產，一間不動產少則上百萬多則上千萬上億，擁有不動產的感覺是非常幸福溫馨感動的，因為這項資產代表著持有人許多的生命奮鬥的歷程，得到是非常的非常不容易的事情，終於有一天說再見的時候，也想要留給自己最疼愛的孩子們，孩子長大了知道不動產的珍貴代表父母親的愛，當然是會非常非常的想要得到，可是傳承的過程中並不順利，導致於根本拿不到遺產，只有下無限的婉惜與錯愕。

### 三、近五年無人繼承遺產，單筆最高1.9億！

公告現值1.9億，市價要不要多個三倍等於5.7億，這些資產可能是家族的父母親或更早的親人血汗努力的留下的財產，無非是要給後代子子孫孫能有好日子過，先人已安息，可是現在的子孫卻想盡辦法都拿不到這些珍貴的資產，筆者跟大家分享有幾個可能的情況，第一，沒有繼承人，第第二，債務大於遺產。第三，沒有繳遺產稅的現金。第四，繼承人互相官司纏訟中……。避免上述的遺憾，期盼您除了創造更多的財富之外，要即時做好正確的傳承規劃，讓孩子未來可以拿的到。

### 四、您身後留下的財產，孩子多久可以拿到？有人幾個月，有人73年還沒拿到。

敢問父母親您未來百年後，孩子多久可以拿到您的財產？有些人很快，遺產稅申報又有現金可以繳稅完成，協議

分割也順利，接著就辦理最後的過戶登記，幾個月就拿到財產了。

再看看我們身邊的親朋好友及社會事件，有人幾年，20幾年最多的是73年了，至今還是拿不到。關鍵在於您如何規劃資產，最好的方式是可以跟專業人士討論，您目前的作法，這樣未來會面對的問題是甚麼，或著該如何調整比較有利，才能避免錯誤的規畫比不規畫更慘。

**五、父親告他、手足反目，…（媽的遺產，很沉重）長女被告遺棄，到案說明，嘆已有心理準備與親人，法庭見。**

這是坊間發生的事情，筆者看了心情很沉重，覺得為什麼簡單的事情會變的這麼複雜，然而對應的又是至親的家人，情何以堪，很多人旁人因此會說出一句話，意思就是不要留太多財產給孩子就對了啦，在筆者聽起來這是不正確的思維，歸根結底，長輩要花心思找到專業人士來討論安排才

是正途，況切財產的多寡也不是你說的那麼簡單，重點是現在所有擁有的資產是甚麼怎麼規劃及安排才是最理想。

　　沒有做好規劃的遺產就是燙手山竽，任誰摸了都會被燙傷，疼愛家人就要一併把資產做好規劃，才能避免孩子們日後的對立與衝突，這是父母親非常重要的責任，因為一但憾事發生，遠在天國您也幫不了他們。

　　**六、苗栗地主過世留下9筆土地，但5兄妹因爭遺產，土地因抵繳稅金而全數落空。**

　　九筆土地五個孩子，不管誰看了都會認為夠了夠分了啦！？如果不加入人的因素在裡面，財產本來就是很簡單分一分就好了，大家都有皆大歡喜對嗎？可是在發生傳承資產當下，就會有人為的想法不一致，堅持己見，想要最好的那一塊不吃虧，因此就會有僵持不下，無法圓滿處理的狀況，以上的假設案例是父親沒有留下繳稅的現金，兄弟姊妹因為

遺產的事鬧翻臉了，正確的作法是把現金籌出來先完稅後，再把遺產做處分後的現金回分給大家就好了。

　　有時簡單的事情就會是因為情緒不佳而影響整件事情的完善，最後大家一毛錢都拿不到也算是給自己的教訓了。

# 第七章
# 不動產信託

一旦生意失敗，不會被法院強制執行，

還有棲身地，避免債權人強制執行。

# 前言

　　信託法第 12 條信託財產不得強制執行，不動產一間價值多少錢？少則幾百萬或上千萬甚至上億元都有，不動產代表的是一輩子努力，辛苦血汗拚搏的財富，是給摯愛的家人一個共同居住，無比溫暖，能遮風避雨的家，這個家有你們共同編織成的幸福美好的回憶。但是如果有一天因為自己不小心或別人的陷害，導致家要被拿走時，那麼您和摯愛的家人將何去何從？

　　從社會上的新聞事件我們曾聽聞，某知名大老闆的企業怎麼說倒就倒了，接下來他可能就一蹶不振，有些甚至沮喪到自殺，或生病因心情惡劣快速死亡者都有。

　　掌握在手中的資產，別人真的拿不走嗎？當不動產加上了信託才能確定為您所擁有。

# 導讀

　　筆者六年前就已經完成自住不動產自益信託，為什麼要做，起心動念是想要透過信託法的 12 條來保護不動產，心想僅有的一間住房，萬一被不測之難發生的債權權人求償拿走時，那我們夫妻跟摯愛的兒女要住哪裡？那是我內心的恐懼跟隱憂，直到我完成信託規劃之後就放心了。

# 假設案例分析

假設案例一

**善用信託留得青山在，一旦生意失敗，不會被法院強制執行，還有棲身地**

舉個例子，將不動產是先交付信託，以配偶或子女為受託人，一旦生意失敗，全家人至少還有地方住，十年，二十年，等待翻身的機會，自住不動產不會產生收益，也不會被法院強制執行。

信託特性就是擁有財產獨立性，不會受到法院強制執行，這幾年天災人禍不斷，萬一公司遭到天災影響無法營運，甚至繳不出利息錢，而使得名下財產被拍賣，連住的地方都沒有，最近許多中小企業主找上信託業，希望透過信託，為自己的後路，買個保險。

若非惡意脫產，名下不動產交付信託，可以為自己留下

最後一道生活保障

　　信託法第十二條規定，對信託財產不得強制執行，除非該債權是信託前就存在於該信託財產的權利，或因處理信託事務而產生的權利，或其他法律另有規定。

　　雖然信託對企業主有被動保障的好處，但是別想利用信託脫產，因為根據信託法第六條，信託行為有害委託人的債權人權利者，債權人得聲請法院撤銷之………信託成立後六個月內，委託人受破產之宣告，推定其行為有害及債權，得依民法 244 調聲請法院撤銷之。

　　**建議**：法律的立法的目的，主要是建立一套全體國民遵循的法則及依據，強制大家來共同遵守，避免造成糾紛爭議等等，因此經濟，教育，所有的活動，才得以平順地進行…。對於債務人及債權人的各方面來說，其實是平衡的概念，亦即是沒有一條法律是特別保障或傷害債務人的，或是特別保

障或傷害債權人的，但是若非專業人士的理解深透來說，一般人可能在所知片段的情況下做論斷，就會喪失其真實性，若導致錯誤運用時則可能會帶來災難。

所以就教於專業人士是非常重要的課題，先了解之後再有想法，才不會做錯喔。

**工具**：信託的功能廣泛，我們在此所說的不動產信託，是資產保護的概念，而不在於出事後的脫產及詐害債權人的權益，為此所做的信託是無效的，工具與法律沒有好壞而是適用性的考量。

**方向**：不動產信託規劃是將資產保守及完善，給摯愛的家人，永遠的承諾。

**效益**：信託法第十二條信託財產不得強制執行，為未來不可測的人生的風險，做好不動產信託規劃，一旦生意失敗不會被法院強制執行，還有棲身地。

# 根深蒂固的舊觀念

**一、不動產信託是甚麼？我不懂。**

多數的客戶對不動產信託並不了解，一個工具的適用性，是必須要先有了解理解，才有辦法評估對自己的效益性如何，接下來才是思考要不要去做。

因為信託法涵蓋的項目非常廣泛，我們這裡講的主要是因為不測之難發生的風險，所可能造成財富缺損以為保護目的的信託，但此一觀念還是有賴更多的專業人士來推廣，困難之處在於信託乃屬於銀行的營業項目，對保險業務人員來說信託不是他的營業項目，所以在深度學習的部分也比較不足，自然無法提供客戶完整的資訊。

**二、可以保護資產喔，可是我有沒做甚麼壞事需要嗎？**

每一種法律的立法目的都在一個平衡的基礎上，去保

護每一個人，沒有一個做善事的人會受到法律的處罰，也沒一個做壞事的人，會受到法律的去保護。

在不影響他人的權益上你可以為自己的財產做任何的安排，包括不動產信託的規劃。

信託法 12 條：對信託財產不得強制執行，但基於信託前已存在於該財產的權利，因處理信託事務所產生之權利或其他法律另有規定者，不在此限。

當然如果您有把握債權人的風險不會發生在您的身上，那麼您就不需要做這個安排，但為什麼又想要做，是因為真的不敢說不會發生，人生三把火，租稅債權，民事債權，天災人禍，一旦發生債權人會不會立刻拿走你的房子？那您跟配偶及寶貝的孩子們要住哪裡？當任何債權人都還沒發生之前先做您就沒有煩惱了，因為住的地方就是受到信託法強制保護的。

**三、我又沒跟別人借錢，也沒開車，不會有事的，不用信託啦！**

其實信託是資產的保護傘，不是為別人，是為自己及家人，現在覺得風險不會發生，是因為算的到的可以小心的都會去做，但我們說的風險是藏在那 1%2% 被你忽略的部分，在此當然只是僅供您參考而已，這樣的安排也叫停損機制的建立，沒有設停損的資產一旦發生其損失程度往往也是出乎您意料之外甚至是難以承受之重。

**四、我都不曾聽人說過，什麼信託的，是真的嗎？**

很多人對法律及資訊的取得都是片段的，片段的訊息就像是一篇文章中的一個小段，既無法了解全貌也無法完整解讀，所以一方面要透過專業人士的分析跟報告，另一方面客戶自己也要有所涉略這樣才會加快了解的速度。

**五、這是有錢人在做的，我們不用啦！**

對於資訊法律了解的匱乏，所說出這樣的話，其實筆者感到相當的可惜，因為已經分不清楚是對自己好還是在被銷售了，錢的多寡沒有定論，但我肯定您手上握有的資產都是最珍貴的，因為得之不易，是要相對付出體力精神或勞力的代價，那麼又何來有錢人才要做信託的道理，您的錢不是錢嗎！？或許您的錢才是最重要的，因為要栽培孩子成才出國深造等等。

**六、你去找別人，我沒興趣。**

即便是佛祖也只能度有緣人，對於這樣的客戶我們期待有更優秀的人在服務他，或者是他已經做好完善的規劃，我們必須以最虔誠的心祝福他。

# 轉翻導正的新思維

**一、人家說魔鬼藏在細節裡，就在被您忽略的那 5%。**

客戶的認知裡都覺得我不會，沒那麼倒霉，我都快 60 歲了也沒事啊，過去的習慣及事實會造成對未來風險的輕忽及大意，若以過去經驗值來做未來的判斷會隱含極大風險，在詭局多變的現今世代並不是用經驗值來估算，魔鬼的細節變數就在此。

**二、一間房子值多少錢？要不要幾百萬上千萬甚至億元，當債權風險發生時會不會被求償，而您是否能接受？**

耗盡大半輩子辛苦努力拚搏的財富，究竟是為了誰？是心愛的子女，還是債權人？如果您沒有妥適規劃將未知的風險做轉移，當債權人出現時您就只能將上等的財產孝敬給傷害你的人。

**三、如果可以！？您會選擇哪一個？房子被拍賣取價或者債權人要跟您協商。**

想要的結果是要透過過程做出來的，天下沒有白吃的午餐，說明凡事都是對等的對價說，想要保護資產每個人都說要很重要，但用說的有得到嗎？答案是不可能，除非你在出事前，是為了保護家人的那份愛，而保護資產做了文件形式的完整信託規劃，才能如您所願。

但筆者所接觸的朋友客戶中，大家都會覺得很重要，但真的危機意識明顯不足，其實想想我們周邊的親朋好友及社會新聞事件，這些難道不足為鑑嗎？沒有將心比心的心痛感受嗎？非要自己發生才能感受絕望嗎？就是不急不急不急，但我以身為專業知識傳播者的心態卻是不同的，寧可讓全部的人都做，也不要放過一位，因為承擔不起，可以避免為何不要？

**四、善用信託留得青山在，一旦生意失敗不會被法院強制執行，還有棲身地。**

做事業的人為了擴大生意人脈，複雜的往來人際，客戶與廠商員工與家屬，他們的的風險都跟企業主綁在一起，尤其必須要事發之前做好不動產信託規劃，才能避免事發時可能全家人都沒有一個可以溫暖棲身的住所。

**五、十億變失意董娘嚐盡冷暖，作夢都想不到家產轉眼間成為雲煙，因為生意周轉失靈財富徹底崩解，負債金額已難估算。**

坊間的案例主要是讓更多人了解，你現在手中握有的一切財富，若沒有做好信託規劃，當債權人出現時，可能你將會以很快的速度一無所有，屆時沒有人敢同情你，因為避之唯恐不及，你將遭遇比落井下石還不堪的對待，這說明了你對事業的經營不擅，最關鍵的風險控管也沒做好，一切的

一切都是你的疏忽，你將面對的可能是一蹶不振，沒有東山再起的本，信用破產，孩子跟著你三餐不繼，猶如天堂墜入地獄般的難堪與煎熬。

**六、名利雙收的榮華富貴，賞味期多久？東山再起的本準備好了嗎？建築業大亨擁 30 億身價到負債 10 億，55 歲病逝的人生，足讓世人引以為鑑。**

事業成功要靠天助人助及自助，但功成名就能維持多久，這並沒有定數，得到不代表永遠，失去不表示不再回來，不同階段要有妥適的安排及一個正確的心念，才能在人生的起伏當中安然度過，上述坊間的案例也可能是其他人的發生，沒有戒心，輕忽失敗的可能，沒有任何資產信託的規劃，在轉投資他業失利後負債十億，資金因此斷絕，猶如一敗塗地，徹底自我毀滅般的，結束曾經璀璨輝煌的人生。

信任關鍵

⑦ 不動產信託

# 第八章
# 保單校正

創造自己及家庭最大利益，避免錯誤的規
畫比不規劃更慘。

# 前言

每個人買保單都有想要達成的原因，好比說為退休金做準備，再以後想送給孩子孫子當禮物，覺得保本很安心放心，花剩用剩留給子孫。

這些想要的項目，真的能為你帶來真實的效益嗎？我們都知道保單感覺好像是，聽業務員講到不要聽了，可是您真正說的清楚您自己所購買的保單，所有的特性跟優點嗎？答案是不可能的，理財工具看似簡單實際上卻有它的複雜程度，業務員每天在上課都不一定全部都懂，何況是客戶的了解自然是非常有限的，那麼定時 3 年 5 年請專業人士再做保單校正就是非常有必要的了，一方面複習再了解，二方面再次確認是否有不符合自己期待的內容。

# 導讀

　　保單是國人習慣依賴的理財工具，客戶說 20 年前就買了保單，可是要請他說保單是怎樣的細節，他就是說不上來，這是正常的現象，因為保單是非常專業的工具，要做深度了解，除了多接觸多聽專業人士的分析報告，還可以自己找資料閱讀，除此並沒有其他有效方式。

# 假設案例分析

## 假設案例一

### 保單免稅被保人，要保人需同一人。

繼承人要注意，若遺產中有被保險人與要保人不同的保單，不適用免課遺產稅規定，若漏報補稅之外還要加罰一倍。

台北市國稅局表示，被繼承人生前以其本人為要保人，他人為被保險人所投保的保險，在被繼承人死亡時，該保單價值屬具有財產價值的權利，應列入遺產課稅。

台北市國稅局查核被繼承人甲君遺產稅案件，發現甲君生前購買保險，以其本人為要保人，甲君的配偶為被保險人，並指定子女為受益人。依據保險法第三條規定，要保人為對保險標的具有保險利益，向保險人申請訂立保險契約，並負有交付保險費義務之人。

因此甲君死亡時，因保單的要保人是甲君，所投保的保單價值屬甲君所有，所以保單所產生的財產價值，也要視為甲君的遺產，依遺產及贈與稅法第四條規定課徵遺產稅，台北市國稅局便按甲君死亡時保單的帳戶價值 1200 萬餘元，併入甲君的遺產課徵遺產稅。

**建議**：被繼承人的想法及心願是否能夠實現，這是我們專業人士所關注的，保單的身故給付受益金，只有二種一種是被繼承人的遺產，另一種是受益人的所得，又遺產代表所有繼承人的權利，要走繼承登記的戎長程序，受益人的所得是直接可得受領的現金。

唯有透過專業人士與客戶進行規畫討論之後，才會清楚客戶規劃保單的目的，從而進行正確的安排。

**工具**：保險是深深被國人廣用喜愛的理財工具，最簡單的說保單是保本的理財工具，自己要用錢也很方便，因為裡

面都是現金所以領出來就可以用，又因為有指定受益人的功能所以可以以比例來做分配贈與給孩子們，達到我們想要傳承資產的目的。

　　**方向**：財產先給孩子，我們失去掌控權，又怕孩子不理我們，身後再給孩子財產又擔心兒子媳婦女兒女婿，在遺產協議上無法達成協議，坊間所見子女為了遺產反目成仇對簿公堂爆粗口，也已經不是特別的新聞了，而我們任誰的家也不想要有這種情況發生吧！？然誰有把握自家不會，簡單的說那也不是你能掌控的了。

　　避免繼承權糾紛唯一的工具，就是正確的保險規劃，才可能達到。

　　**效益**：是自己退休要用的錢，還是要傳承給孩子們的錢，保單要以專款專用的思維，才會簡單明確又好用。

**假設案例二**

**要保人改為子女，要課贈與稅。**

不少父母會替子女購買儲蓄險，常以自己為要保人，等到保單繳費期滿前，再變更要保人與受益人為子女，但高雄國稅局日前提醒，這樣的做法將產生贈與稅，父母為子女進行理財規劃時，要特別注意稅負問題。

台北國稅局近期接獲轄區內民眾來電詢問，甲君在多年購買多筆保單，以自己為要保人及受益人，由於保單繳費已屆期滿，打算變更要保人與滿期金受益人為兒子乙君，擔心會有課稅問題。

國稅局官員表示，父母以本人名義為要保人購買保險，日後將要保人變更為子女時，除非能證明過去所繳付的保費，實際上均由子女支付，並向國稅局提出相關文件證明，否則這類變更要保人，受益人的做法，不但不能達到節稅的

目的，反而還會惹稅上身。

官員進一步指出，民眾購買保險，由於保單價值仍屬財產一部份，若是變更要保人及受益人，等於將原本各人應得的保險利益，變更為他人所有，在性質上是將財產無償移轉，國稅局將認定為贈與行為，對其課徵贈與稅。

台北國稅局提醒依據保險法規定，要保人負有交付保險費的義務，因保單有財產價值的權利，要保人交付的保險費累積利益則屬要保人所有。

換句話說，父母為子女從小規畫保單，在簽約時決定要保人為誰，事涉後續的稅負問題，而站在贈與稅節稅的角度來看，會計師建議，保單簽約時即以子女為要保人，節稅空間較大。

專家指出，如果以子女為要保人，同時子女也是滿期金與生存金的受益人，等到保單滿期，拿到保險金時，在要保

人與受益人為同一人的情況下，就沒有贈與的問題。

在繳付保費方面，父母可先把錢放在子女戶頭，再從子女戶頭去扣保費，由於父母贈與的是保費，而不是要保人(父母)給受益人(子女)的滿期金或生存金，只要年度所繳保費及其他贈與，總金額低於220萬元，就不必繳交贈與稅。

**建議**：以父母為要保人，還是父母的財產，以子女為要保人，就是贈與給子女現金的概念，是截然不同的權利，專業人士必須要了解客戶的想法是甚麼，才能協助客戶達成目的。避免錯誤的規畫比不規畫更慘。

**工具**：在金錢財富的運用上保險是屬於保險法的理財工具，而保單是屬於身體法益及健康法益的保障範圍，因此其權利性質為一身專屬性，有不可代位的特性，然而我們說工具本身並沒有好壞之分適合適用就是好的，所以還是要按照需求來量身規畫才是正確使用之道。

　　方向：保單關係人，就是要保人，被保險人，受益人，的安排上，必需要先了解自己想要的是甚麼樣的結果，才能做一個正確的規劃。

　　**效益**：理財透過保單工具來完成，會有其明確性，亦可隨時間的改變，比如說 5 年 10 年，後的想法或資產規模改變，而有不同的想法及思維時，這時可以在保單關係人上做符合自己理想的調整。

　　假設案例三

　　保單追稅，財部盯八大樣態，以 19 件案例說明死亡保險金實質課稅原則，要求各地國稅局嚴謹審慎辦理。

　　投保壽險保單六年後死亡，還是有可能被追繳遺產稅？

　　財政部日前行文給壽險公會及各國稅局，以 19 件案例說明死亡保險金實質課稅原則，共有 8 大特徵，要求各國稅局依此原則嚴謹審慎辦理。

　　會被財政部盯上的投保 8 大特徵，即重病投保，高齡投保，躉繳投保，巨額投保，密集投保，舉債投保，保險費高於或等於保險給付金額，這 19 件財政部列舉出的追稅案件。

　　在最低稅負實施之前，保險給付全部免稅，但有些富人利用保單節稅，被財政部認為有違稅法公平原則，要求依實質課稅原則，補繳遺贈稅。

　　而財政部也與金管會多次開會，希望壽險業者勿以節稅作為行銷訴求，這次財政部列出 8 大特徵，行文給壽險公會，即是要求業者應注意相關投保問題。

　　19 個案件中，許多人多是 70 多歲到 80 多歲才密集投保多張保單，有些投保不到一年即過世，抑或是投保時就已確診罹患癌症或其他重疾，且多是躉繳數百萬到上億元的保費，保險給付低於或等於這些保戶繳交的保險費，被財政部認為不合理。

　　甚至有人是向銀行抵押借款 1 億多元，投保了 11 張保單，指定受益人給子女及孫子，但由於是高齡，躉繳且大額投保，再加上舉借繳保費，仍是被財政部盯上。

　　壽險業者表示，先前的確有保戶先向銀行抵押借款，躉繳大額保單，之後再進行保單貸款，再投保更大額的保單，借款可自遺產中扣除，保險給付又免稅，計算之後可省下不少遺產稅。

　　但後來財政部盯上這些保單後，許多壽險公司對壽險承保最高年齡可能只有 65~70 歲，較少承保 70~80 歲以上的保戶，再加上最低稅負上路後，被保險人與受益人非同一人者，死亡給付逾 3330 萬元即要課稅。

　　**建議**：筆者認為對於資產的規畫應就整體性來做考量，當現金部位要放入保單時，您的需求是甚麼目的是甚麼？找到！？千萬要找到一位，由您自己去評估認為可以託負的業

務人員，來幫您規劃為您解說帶您了解，您所需保單的藍圖是甚麼，為什麼要這樣做，會有甚麼效果，這樣才會符合您最終的期待。

**工具**：保單這項工具有其專有特性，大部分的人都覺得熟悉保險，但真要說也說不清楚，筆者在此給您一個說明及參考，不想錢被投資項目虧掉的就放進保險裡，希望老本能確定一定要可以過著富人的退休生活每年出國二次，一次是歐洲一次亞洲，那準備的錢一定要安排進入保單，想給摯愛的三個孩子分別是多少錢，為求公平或免爭議，就只能選擇保單………以上如果您能理解願意接受，筆者真心恭喜您，未來的日子無限美好。

**方向**：如果我們是生存時要以保單的錢給受益人時，是要納入最低稅負做所得申報的，另若是在我們身後的錢給受益人就有 3330 萬的免予計入申報，以下有附完整條文，請

讀者務必詳細了解來服務客戶做規畫。

　　所得稅法的所得基本稅額條例第 12 條第一項第 2 款為受益人與要保人非屬同一人之人壽保險，受益人受領之保險給付計入個人所得基本稅額。但死亡保險給付每一申報戶全年合計數在新台幣 3330 萬元以下部分，免予計入。

　　**效益**：保單規劃是工具，但要對應到自己的問題，必須要透過專業人員的協助，再者成立保單後每 3~5 年要做保單校正，因為家庭成員，財務狀況，人生規劃，等等⋯⋯。想法做法或許會有不同，了解保單內容與家庭實際情況來做了解，才是最好的規畫及安排。

# 根深蒂固的舊觀念

**一、我買到的保單就是最好的。**

我買的是最好的保險，我滿意我很喜歡，這是絕大多數客戶的心聲，若以購物心理學來說，一定是非常滿意才會交錢買下繼而擁有它。

我們都知道保險是買未來的解決問題上，而不是現在的發生，以筆者13年在保險業的經驗，也買下數十張保單的過程來說，沒有一張是因為當下可以用到而喜悅的擁有它，都是很清楚醫療險可以解決我需要受醫療照護的時候才會用到的，而理財險則是讓我可以解決我退休時要用錢的問題，這些事情不知道幾時會發生，我的生命會不會到我退休時還在，這些猜想的都不去管了，為自己負責就該做對的安排跟規劃，這樣才不會讓自己及身邊的家人困擾。

以這樣的買保險前提是沒有甚麼最好的滿足感快樂的，有的是必須要做的一件事，而且是要堅持繼續做的一件事而已，如果您買的不是責任而是大大的喜悅，那麼建議您可以將保單交給您信任的理財規劃師、保險顧問來幫您做整理及分析。

**二、保單買了之後，就珍藏起來，久久都沒有再去複習，忘記當初的感動**

要把保單研究到透徹了解是一件困難的事情，以客戶來說好的保險顧問可以定期提供您相關的資訊讓您漸進式的瞭解，然而對於一位專職的保險從業人員來說，保險的機制與功能在學習上本身就是艱困的過程了，何況客戶買了保單之後，就放在安全的地方珍藏了，也許 3 年 5 年沒用到就不會在次去做複習及了解了，保險看似簡單實際上卻有其牽一髮動全身的複雜程度，以客戶要清楚明白來說，沒有一次一

次的學習了解是不可能的，再客戶並非從業人員，只要了解自己的保單功能其實就可以了。

**三、客戶只相信自己的業務員。**

客戶在不理解的情況下，剛開始時相信專業其實就是最好的選擇，但是保單事關自己的金錢權益，筆者認為應該透過更多管道來確認真實性及正確性，因為不同的保險顧問給您的答案會是從不同角度切入，那您自己就可以有一個歸納跟結論。

不要單一的相信任何一個人，除非您已從側面有更多的了解及印證，他就是最好的保險顧問，否則一味的相信，直到若干年後才知道所規劃的保單跟原本保險顧問所說的不符合時，要看事實的狀況但很可能會造成一些無法彌補的遺憾。

### 四、鴕鳥心態～有一天可能會無法承受

筆者要很誠懇地跟客戶們建議，您與您的家人好朋友做保單內容的討論都是不適合，不恰當的，因為他們不是專業的保險顧問，而且說出來的話其實是屬於聊天性質，他們沒必要當真也無法了解也看不懂您所說的保單狀況，所給的回應對與錯都是不用負責任的，可是聽在您的耳裡卻是句句都當真。

這樣會讓您有錯誤的認知，待答案揭曉時您可能會無法接受，所以應該是所有關於保險方面的問題您都應該要找到對的保險顧問來做詳細深度的詢問及研討，才會對自己的了解有整體性的幫助。

### 五、三寸不爛之舌、花言巧語得人心。

有些保險業務人員的口才之好讓人為之佩服不已，死的說成活的，身為客戶的您所看重的保險業務員是口才到位

還是要專業到位？買東西花錢要看心情，確實我們都是這樣的，因為那叫做人性，但是在保險這種商品就不同了，看心情好才買是絕對不會要買保險的，因為正確的保險是違反人性的商品，看清自己的問題看透保險的功能，你才能買到專屬於你的保險規劃。

# 轉翻導正的新思維

**一、好的業務員，讓您買到最優質的保單。**

專業到位的保險顧問，給您的是量身訂做的規劃內容，以客戶的最大利益為考量，而非以自身的業績為決定，這種情操是需要有能力的保險顧問才做得到的責任跟擔當，因為那叫做超越，坊間多數的保險業務員給的直接是商品的銷售，完全漠視客戶的狀況及問題，這樣的購買對客戶來說是把錢放在不對的地方，更重要的是在浪費生命中最珍貴貴的時間。

**二、您喜歡的保險商品，通常對自己較不利。**

前面筆者有跟大家分享，保單商品，非一般消費性的商品也非投資工具，但坊間客戶的不了解與混為一談是普遍現象，當然不夠精進的保險業務員是沒有辦法來教育客戶，

給予正確的觀念的，所以我們看到在保單銷售非常的容易，保險業務員會妥協而投客戶所喜好的商品來完成購買，當然這並沒有錯因為是皆大歡喜，因為客戶就是喜歡阿，只要客戶喜歡就好了，萬一我說太多客戶反而不買了那我不就沒業績了。

掌握現金的尊貴客戶以您雪亮的眼睛，澄澈的思維，敏感的內心，去傾聽體會感受來遴選出您專屬最佳的保險顧問吧！？

**三、當你買的商品與你最終的期待不符時，該怎麼辦？**

保單校正的期間最好是每年或不超過二年，因為必須要重複再次的了解，最好的情況是給不同的人做保單校正，除非您確定自己找到最專業的保險顧問，否則您必須給自己尋找更專業的保險顧問的機會，雖然會比較辛苦，但是一定是值得的，很多人說阿另一位講我就聽不懂啊，聽不懂有二種情況，一種是自己的程度太淺真的是聽不懂，另一種是這

位保險業務員說的話沒有邏輯的也不夠專精，經過客戶的謹慎評估，如果是對方的問題當然是必須要再尋找下一位更好的，但如果是自己的問題就要定下心來仔細地聆聽及思考。

如果您能找到滿意專業的保險顧問，那麼透過保單校正他就會很快的向您做保單校正後的完整權益報告及效益分析，當然這其中也包含對於買錯保單時的停損建議，筆者始終認為預防勝於治療，因為預防是不讓錯誤發生或是降低發生率，然而後端的治療卻是損害已經產生沒有停損的選擇了。

**四、保單是怎麼樣的理財工具，誰適合？適合誰？您的瞭解多少？**

保單是白紙黑字的文字契約，它是一種確定的理財工具，意思說您是需要了解契約內容的，因為那就是要保人跟保險公司必須依循的規則及條件，保單商品種類繁多，只要您有錢要做處理，以保單來說客戶透過專業的保險顧問來協

助您了解適合的商品屬性配對，絕對都可以讓您得到最理想的安排。

### 五、好的保險顧問才能為你爭取到最有利的保險商品

此話有趣的是，客戶有錢想買甚麼，難道說不行嗎？舉例來說我們買任何的物件，除非您本身已經是行家中的行家了，那當然是靠您自己就可以買到最好的商品，但是我們說如果我們不在行，只憑自己片段資訊的了解就買了，這樣在你的需求價格及效益上，是無法取得極大值的。

又以保險商品來說更是這樣，客戶聽好朋友親人說甚麼保單最好最好的，就聽到心坎裡了，跟保險業務員說我要那一款，可是這位業務員有沒有能力來跟您分析報告連結到您本身的問題需求時是不能達到最高效益的，又如果不行為何另外向您推薦的這款可以而且是最棒的呢？

如果客戶堅持聽說的就會得到不適合他的商品，從此擁有也不覺的怪，直到最後才發現與自己實際情況不符合

時，就為時已晚了。但是另外一位客戶因為用心研究仔細聆聽保險顧問給他最適合的建議商品，於是就會達到客戶未來在金錢上的目標所要達到圓滿的結果。

結論就是找到一位好的優質的保險顧問將會是客戶您最重要的課題。

**六、您買的保險誰是贏家？誰是輸家？**

保險商品的設計會有其不同的功能性，及適用的對象，只有買對保險時客戶是贏家保險顧問是贏家，保險公司也才是贏家，因為大家都滿意。

反過來說，客戶買到不適合的保單商品，客戶是輸家，保險顧問是輸家，保險公司也是輸家，因為大家都不滿意。

身為保險顧問的您對於客戶來說，是多麼多麼的重要，因為透過您的規劃就會決定客戶是不是贏家，身處這個行業的保險顧問是非常偉大的，因為我們肩負的使命，將決定客戶一代二代甚至三代或更多代的財富真價值。

企管銷售 34

# 信任關鍵：把保險變得更保險

作者 / 黃秀儷
發行人 / 彭寶彬
出版者 / 誌成文化有限公司

地址：116 台北市木新路三段 232 巷 45 弄 3 號 1 樓
電話：(02)2938-8698 傳真：(02)2938-4387
郵政劃撥帳號：50008810
戶名：誌成文化有限公司

排版 / 張峻榤
總經銷 / 采舍國際有限公司 www.silkbook.com 新絲路網路書店
印刷 / 上鎰數位科技印刷有限公司

地址：新北市中和區中山路二段 366 巷 10 號 3F
電話：(02)8245-8786（代表號）
傳真：(02)8245-8718

出版日期 /2018 年 2 月初版
ISBN 978-986-96187-0-0　　　　　定價 / 新台幣 260 元

**國家圖書館出版品預行編目 (CIP) 資料**

信任關鍵：把保險變得更保險 / 黃秀儷著 .-- 臺北市 : 誌成文化，2018.02
　　面；公分 .--（企管銷售 ;34）
　　ISBN978-986-96187-0-0（平裝）
　　1. 保險 2. 保險規劃 3. 理財

563.7　　　　　　　　　　　　　　　　107001918